──────────── 님의 소중한 미래를 위해
이 책을 드립니다.

빅데이터 사용설명서

빅데이터 사용설명서

김진호 지음

빅데이터가 이렇게 쉬운 거였나

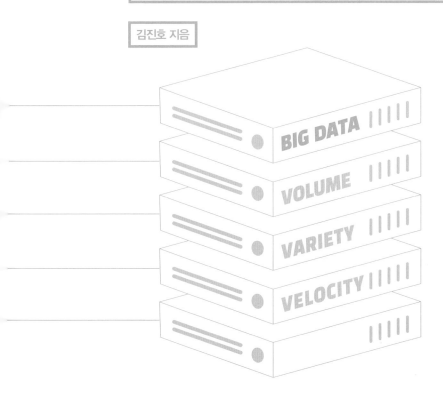

BIG DATA ||||||

VOLUME ||||||

VARIETY ||||||

VELOCITY ||||||

||||||

메이트북스

메이트북스 우리는 책이 독자를 위한 것임을 잊지 않는다.
우리는 독자의 꿈을 사랑하고,
그 꿈이 실현될 수 있는 도구를 세상에 내놓는다.

빅데이터 사용설명서

초판 1쇄 발행 2022년 3월 5일 | **지은이** 김진호
펴낸곳 (주)원앤원콘텐츠그룹 | **펴낸이** 강현규·정영훈
책임편집 오희라 | **편집** 안정연 | **디자인** 최정아
마케팅 김형진·서정윤·차승환 | **경영지원** 최향숙 | **홍보** 이선미·정채훈
등록번호 제301-2006-001호 | **등록일자** 2013년 5월 24일
주소 04607 서울시 중구 다산로 139 랜더스빌딩 5층 | **전화** (02)2234-7117
팩스 (02)2234-1086 | **홈페이지** matebooks.co.kr | **이메일** khg0109@hanmail.net
값 18,000원 | **ISBN** 979-11-6002-369-5 03320

미래의 시민에겐 통계적 사고가
읽고 쓰는 능력만큼이나
중요하게 될 것이다.

• 사무엘 윌크스(미국의 저명한 통계학자) •

이 책 한 권이면
빅데이터 시대의 핵심이 이해된다

이 책은 빅데이터 시대 또는 제4차 산업혁명 시대를 살아가는 사람들을 위한 책이다. 빅데이터 시대의 핵심을 들려주며, 나아가 어떻게 하면 이 시대에 맞는 자신만의 경쟁력을 키울 수 있는지를 제시한다.

인생에서 성공을 거두려면 어느 정도 운이 있어야 한다는 말이 있다. 그렇다면 운이란 무엇일까? "운이란 준비가 기회를 만날 때 일어나는 것이다." 고대 로마의 철학자이자 정치가 루키우스 세네카Lucius Seneca가 한 말이다. 이 시대에 맞는 준비를 하고 있으면, 이 시대에 맞는 역량을 키우고 있으면 그런 역량을 발휘할 기회는 반드시 온다. 즉 준비되어 있으면 성공에 한 걸음 더 다가갈 수 있다.

그렇다면 빅데이터 시대에 무엇을 준비해야 할까? 첫째는 이 시대가 어떤 역량을 갖춘 인재를 요구하는지 잘 알아야 한다. 둘째는 그런 역량을 갖추기 위해 어떤 노력을 해야 하는지 잘 파악해서 실천해야 한다.

이 책은 총 9개 장으로 구성되어 있으며, 각 장은 빅데이터 시대에 사람들이 제기하는 다양하고 구체적인 의문에 초점을 맞추었다.

1장과 2장에서는 독자들에게 인공지능과 빅데이터 시대에 대한 안목을 길러주는 내용을 담았다. 나머지 장에는 필자가 몇 년 동안 〈동아비지니스리뷰(DBR)〉에 연재했던 칼럼 'Power of Analysis'와 '빅데이터 리더십' 관련 글을 수정·보완해 정리했다.

이 책을 쓰면서 두 가지 바람이 있었다. 먼저 독자들이 이 책을 재미로 읽었으면 좋겠다. 빅데이터 시대를 살아가는 사람들이 이 시대를 잘 이해할 수 있도록 흥미로운 사례를 다양하게 제시한 것도 그 때문이다. 특히 이 시대의 중요한 특징과 필요한 역량을 다루었으므로 재미있게 읽기만 해도 무언가를 느끼고 얻는 것이 있을 거라고 확신한다.

물론 더 큰 바람은 이 책이 많은 사람에게 분석을 자신의 경쟁력으로 삼도록 동기를 부여하는 것이다. 숫자를 다루고 숫자로 말하는 사람이 성공하는 빅데이터 시대에 많은 사람에게 '앞으로 데이터 분석 능력을 키우겠다'는 깨달음과 자극을 준다면 이 책의 가장 큰 목적이 달성된다. 아무쪼록 많은 독자에게 좋은 지침이 되길 바란다.

김진호

인공지능과 빅데이터는 그냥 하나의 유행이 아니다. 기업과 사회를 혁신적으로 변화시키는 새로운 원유이자 동력이다. 이 책은 다양한 사례를 통해 인공지능과 빅데이터를 쉽게 이해할 수 있을 뿐 아니라 기업이 이를 제대로 활용할 수 있는 로드맵을 제공한다. 인공지능과 빅데이터 시대에 능동적으로 대처하려는 개인과 기업에 꼭 필요한 지침서다.

_유경선(유진그룹 회장, 연세대학교 총동문회장)

Having co-authored a book on analytics with Professor Kim, I know that he is excellent at explaining complex statistical and mathematical concepts in understandable terms. Now he has brought his considerable talents to AI and big data. He has done considerable research work in these areas, using techniques like machine learning and natural language processing. This book is the perfect resource for anyone interested in learning how to understand and predict social and business phenomena with the extensive data available today.

김 교수와 함께 분석에 관한 책을 공동 집필하면서[*] 내가 느낀 것은, 그는 복잡한 통계 및 수학 개념을 쉽게 이해할 수 있는 용어로 설명하는 데 탁월한 능력이 있다는 사실이다. 이제 그는 자신의 이런 재능을 AI와 빅데이터에 접목했다. 그는 기계 학습 및 자연어 처리와 같은 기술을 사용하여 이 분야에서 상당한 연구 작업을 수행했다. 이 책은 오늘날 사용할 수 있는 광범위한 데이터를 통해 사회 및 비즈니스 현상을 이해하고 예측하는 방법을 배우는 데 관심이 있는 모든 사람에게 완벽한 사용설명서다.

_토머스 데이븐포트(뱁슨 칼리지 석좌교수, 세계 3대 경영전략 애널리스트)

김진호 교수가 오랜 시간 빅데이터 분야의 문제 해결 및 연구 경험을 바탕으로 터득한 깊은 통찰력이 담긴 책이다. 『빅데이터 사용설명서』는 빅데이터 기술을 도입하여 디지털 트랜스포메이션을 실현하기 위해 고민하는 많은 사람들에게 올바른 방향을 제시하고 있다. 데이터와 디지털의 시대를 살아가는 우리로 하여금 시대의 변화를 깊이 사색하게 만드는 책이다.

_조봉수(LG전자 AI빅데이터담당)

---

[*] 데이븐포트 교수와 김진호 교수는 미국에서 "Keeping Up With the Quants: Your Guide to Understanding and Using Analytics"를 공동 저술하였다(2013년, 하버드 대학교 출판부). 이 책은 스페인어, 일어, 중국어, 한국어로도 번역 출간되었다.

〈 차례 〉

1장 ··· 빅데이터 시대 이해하기

2장 ··· 인공지능의 과거, 현재 그리고 미래

3장 ··· 데이터 기반의 의사결정

"미래는 이미 우리 곁에 와 있다(The future is already here)." 공상과학 소설가이자 미래학자 윌리엄 깁슨(William Gibson)이 한 말이다. 우리 곁에 이미 와 있는 미래는 빅데이터와 인공지능(AI; artificial intelligence)이다. 지금 우리는 모바일 디바이스, 사물인터넷 센서, 소셜 미디어가 데이터의 폭증을 주도하는 빅데이터 시대를 살아가고 있다. 1장에서는 빅데이터 시대에 대한 안목을 기르기 위해 빅데이터가 무엇이고 왜 중요한지를 설명한다.

1장

빅데이터 시대
이해하기

같은 장소지만 다른 풍경, 교황 즉위식

2015년의 교황 즉위식 사진은 스마트폰이 가져온 변화의 한 장면을 대변한다.
SNS를 통한 공유는 데이터 폭증의 주범 중 하나이다.

교황 베네딕토 16세는 2005년 4월 24일 로마 바티칸의 성베드로광
장에서 즉위 미사를 한 뒤 교황으로 등극했다. 신도 수백 명은 전날
밤부터 광장에서 밤을 지새우면서 촛불을 켜고 기도를 올렸고, 당일
미사에는 광장과 인근 도로에 모인 순례자 수가 35만여 명에 달한 것
으로 집계되었다.

다음 페이지의 2005년 사진은 당시 성베드로광장에 모인 사람들을
찍은 것이다. 이 사진에서 볼 수 있듯이 사람들은 새로운 교황을 멀리
서나마 알현하기 위하여 성베드로성당을 주시하고 있다.

그로부터 8년 후인 2013년 2월 27일 베네딕토 16세는 자기 나이가
너무 많아 업무 처리가 힘들다며 교황직을 사임했다. 뒤를 이어 프란

치스코 교황이 2013년 3월 19일에 거행된 미사에서 새로운 교황으로 즉위했다.

아래의 2013년 사진은 당시 성베드로광장에 모인 사람들을 찍은 것이다. 이 사진에서 볼 수 있듯이 사람들은 2005년 즉위식과 마찬가지로 새로운 교황을 멀리서나마 알현하기 위해 성베드로성당을 주시하고 있다. 하지만 2005년과 달리 거의 모두 스마트기기나 카메라를 들고 즉위식을 찍고 있다. 2010년 이후 단순한 전화기를 넘어서 누구

나 사용하는 '만능 기기'가 된 스마트폰이 이런 변화를 만들어낸 것이다.

결과적으로 8년 시차를 두고 같은 장소에서 교황 즉위식이 열렸지만 느껴지는 풍경은 전혀 다르다. 더욱이 이들이 찍고 있는 사진이나 영상 그리고 이들의 소감은 SNS를 통해 가족이나 지인에게 실시간으로 또는 거의 실시간으로 공유되었다. 이런 변화된 풍경과 SNS 공유에 따른 데이터 폭증은 빅데이터 출현의 중요한 원인 중 하나가 되었다.

빅데이터의
출현 배경

빅데이터가 출현한 배경에는 소셜 미디어, 센서, 모바일 기기가 주도하는
데이터 폭증과 데이터 저장·처리 기술의 발달이 있다.

빅데이터가 출현한 배경에는 무엇보다 소셜 미디어, 센서, 모바일 기기가 주도하는 데이터 폭증이 있다. 소셜 미디어는 기존 미디어의 영역을 훌쩍 뛰어넘어 이제는 대다수가 일상적으로 활용하는 핵심 소통방식이 되었다. 앞의 교황 즉위식 사례에서도 볼 수 있듯이 트위터나 페이스북 등 소셜 미디어는 데이터 폭증, 특히 텍스트뿐만 아니라 멀티미디어 콘텐츠 공유로 인한 이미지·동영상 등과 같은 비정형 데이터의 폭발적 증가를 가져왔다. 〈그림 1-1〉은 소셜 미디어와 인터넷에서 1분 동안 얼마나 많은 데이터가 만들어지는지를 나타낸 것이다.

이 그림에서 볼 수 있듯이 페이스북에 분마다 메시지 15만 건과 사진 14만 7천 건이 올라오고, 인스타그램에 스토리가 34만 7,222건, 유

그림 1-1 1분 동안 생성되는 데이터양(2020년)

출처: www.visualcapitalist.com/every-minute-internet-2020/

튜브에는 비디오가 500시간 업로드된다. 소셜 미디어와 인터넷에서는 그야말로 엄청난 양의 데이터가 쌓이는 것이다.

사물인터넷의 확산과 그에 따른 센서 활용이 전방위적으로 확대된 것도 데이터 폭증의 주범이다. 센서는 사람의 오감을 주로 전자적으로 본떠서 만든다. 다양한 센서는 소리, 온도, 압력, 유량, 자기/빛 감지, 열, 빛, 온도, 압력, 소리 등의 물리적 양이나 변화를 감지하고 필

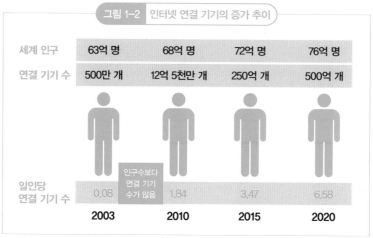

출처: www.cisco.com/c/dam/en_us/about/ac79/docs/innov/IoT_IBSG_0411FINAL.pdf

요한 경우에는 그에 따라 반응한다. 현관의 자동 점멸등, 저녁이 되면 켜지는 가로등, 유료 주차장의 차량번호 인식, 고속도로 요금소의 하이패스 등이 생활 속에서 쉽게 마주하는 사례이며, 실제로는 다양한 산업에서 광범위하게 활용되고 있다. 〈그림 1-2〉는 인터넷과 연결된 기기(내부에 센서 장착)의 수가 얼마나 증가하고 있는지를 보여준다.

이 그림에서 볼 수 있듯이 사물인터넷IoT; Internet of Things이라는 개념이 등장한 2007~2008년경에 인터넷 연결 기기(센서 장착) 수가 이미 당시 세계 인구(약 63억 명)를 추월했다. 요즘은 사물인터넷을 넘어서 만물인터넷IoE; Internet of Everything으로 연결되면서 센서 데이터가 폭증하고 있다. 2020년 현재 기기가 약 500억 개 활용되고 있는 것으로 추산된다. 이 엄청난 수의 센서는 실시간으로 엄청난 양의 데이터를 연속적으로 생산한다. 사람들의 모든 행동이 모바일을 중심으로 이루어지는 것도 데이터 폭증의 주범이다.

모바일의 핵심은 손안에서 손쉽게 처리가 가능하게 하는 모바일 컴퓨터, 웨어러블, 워치 등 모바일 디바이스의 발전이다.* 즉 사람들이 이제는 시간, 공간, 장소 제약 없이 모바일 기기로 모든 것을 처리하면서 자기 행동에 대한 엄청난 흔적(데이터)을 남긴다.

전에는 숫자와 텍스트는 물론 이미지와 동영상 등을 포함하는 엄청난 양의 데이터를 저장하는 데 비용이 매우 많이 들었다. 예를 들어 1980년대 초 1기가바이트^{GB} 데이터의 저장 비용은 10억 원이 넘을 정도였다. 하지만 데이터 저장 비용은 급격하게 줄어들어 2000년대 초반에는 100원 정도로 낮아졌고, 현재는 10원 이하로 낮아졌다.

저장 비용이 줄어들고 데이터 처리 기술이 발달하면서 데이터 처리 속도 또한 비약적으로 빨라졌다. 특히 분산처리 기술이 등장하면서 초대형 컴퓨터가 하던 일을 저가형 PC 수십 대를 병렬적으로 연결해 처리하자 빅데이터 처리 시간과 분석 시간이 획기적으로 단축되었다.

요약하면 소셜 미디어, 센서, 모바일 기기가 주도하는 데이터의 폭증과 데이터 저장과 처리 기술 발달이 빅데이터 출현의 배경이라고 할 수 있다.

---

* 우리나라는 모바일의 90%가 스마트폰 중심이지만 미국은 스마트폰 이외의 모바일 디바이스가 차지하는 비중이 50% 정도다.

빅데이터의 정의와 특징

빅데이터는 데이터의 양이나 종류가 엄청나게 많아서
기존의 방법으로는 도저히 수집, 저장, 검색, 분석 등이 어려운 데이터이다.

빅데이터의 정의와 특징을 얘기하기 전에 먼저 데이터의 종류를
살펴보자. 데이터의 종류를 간단히 요약하면 다음과 같다.

- **정형 데이터**: 바로 통계 분석이 가능한 형태(표)로 정리된 데이터로 열은 항목이
  고, 행은 저장되는 단위가 된다. 기존의 시스템에 저장된 데이터, 예를 들어 회
  원 정보, 구매 정보 등은 모두 정형 데이터다.

- **반정형 데이터**: 데이터 구조가 일관성이 없는 데이터로 속성을 나타내는 메타
  데이터를 갖는다. html, 웹 로그, 센서 데이터 등이 대표적이다.

- **비정형 데이터**: 형태 자체가 정해지지 않은 텍스트(글), 음성, 이미지, 동영상, GPS 등과 같은 데이터로 분석하려면 정형 데이터로 변환해야 한다.

데이터 저장과 처리 속도가 눈부시게 빨라진 오늘날 주로 숫자로 구성된 정형 데이터는 그 크기가 매우 크더라도 쉽게 처리할 수 있다. 빅데이터는 데이터 폭증으로 데이터(주로 반정형, 비정형 데이터)의 양이나 종류가 엄청나게 많아져 기존의 방법으로는 도저히 수집, 저장, 검색, 분석 등이 어려운 데이터를 말한다. 따라서 빅데이터는 기존의 데이터베이스*로는 저장, 관리, 분석할 수 있는 범위를 초과하는 방대한 규모의 데이터를 의미한다.

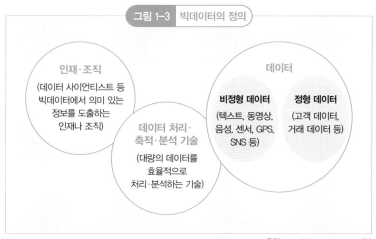

그림 1-3 빅데이터의 정의

출처: www.ikkison.tistory.com/66

---

* 여러 사람이 공유하여 사용할 목적으로 기업 또는 조직의 다양한 정보를 체계화해 통합·관리하는 데이터의 집합(목록).

좁은 의미에서 빅데이터는 기존 데이터베이스 관리도구의 능력을 넘어서는 대량(수십 테라바이트)의 정형 또는 반정형, 비정형의 데이터를 의미한다. 넓은 의미로는 〈그림 1-3〉과 같이 빅데이터를 관리·분석하기 위해 필요한 인력과 조직, 관련 기술까지 포함한다.

빅데이터의 특징은 〈그림 1-4〉와 같이 일반적으로 5V로 나타낸다. 첫째는 규모^{Volume}로, 빅데이터의 데이터 크기는 저장과 처리의 물리적 한계를 넘어설 정도로 거대하다. 요즘은 100페타바이트 정도 되어야 빅데이터라고 하는데, 이 크기는 세계에서 가장 큰 도서관인 미국의 국회의사당 도서관이 갖고 있는 정보(출판물 약 1억 7천만 권)의 거의 10배에 해당한다.

둘째는 다양성^{Variety}으로, 정형 데이터뿐만 아니라 텍스트, 영상, 로그 기록 등 데이터 종류가 다양하다.

셋째는 속도^{Velocity}로, 실시간 연속적으로 들어오는 데이터를 처리하는 기술이 필요하다.

그림 1-4 | 빅데이터의 5V

규모	다양성	속도	정확성	가치
수많은 소스에서 생성되는 데이터의 양	데이터의 형태: 정형·반정형· 비정형 데이터	빅데이터가 생성되는 속도	빅데이터를 신뢰할 수 있는 정도	수집된 데이터의 비즈니스적 가치

출처: www.ichi.pro/ko/apache-spark-mich-python-eul-sayonghan-big-deiteo-101-202082518182357

넷째는 정확성^{Veracity}으로, 엄청난 양의 빅데이터에는 불필요한 잡음이 많으므로 이를 제거하는 데이터 전처리 과정을 거쳐 데이터의 정확성 높이는 것이 필요하다.

다섯째는 가치^{Value}로, 빅데이터는 그 자체보다는 기업의 가치를 높일 수 있는 데이터여야 한다. 다시 말하면 궁극적으로는 기업의 문제를 해결하는 데 빅데이터를 전략적으로 활용함으로써 기업의 성과(가치)를 높이는 것이 중요하다.

빅데이터의
활용

빅데이터는 고객과 시장에 대한 풍부한 정보를 담고 있는 보물이라서
'21세기의 새로운 원유'라고도 이야기 한다.

먼저 데이터의 생성에서 활용에 이르는 과정을 요약한 〈그림 1-5〉
를 보자. 데이터 원천은 SNS, 모바일 기기, 스마트폰, 공장 장비·설비
등이며, 데이터는 SNS 데이터, 공공 데이터 그리고 기업 내부에 축적
된 데이터로 구분할 수 있다. 사람들의 거의 모든 활동이 자동으로 쌓
여 모이면 다양한 비즈니스 관심사, 즉 검색 트렌드, 구매, 여행, 패션,
외식, 배달, 주문취소, 의료 치료, 부동산, 주가, 세일즈, 기부, 투표, 일
자리, 사직, 사기, 탈세, 사랑, 임신, 이혼, 질병 예측, 사고·범죄 예방
등에 대한 데이터가 된다.

이제는 우리의 모든 것이 데이터가 된다. 심지어 일상생활의 소소
한 모든 것까지 거의 다 데이터가 되는 시대다. 사람들이 무엇을 어떻

그림 1-5 데이터의 생성·활용 과정

소스	활동	데이터	활용
SNS 모바일 기기 스마트폰	공개 작성 글(웹사이트, 블로그) 흥미, 관심 표시(좋아요, 리트윗) 온라인 서베이 참여 개인 정보 취미, 선호 인적 교류 네트워크 지리적 위치 정보(GPS), 동선 온라인 행동 구매 전 흔적(검색, 가격비교 등) 구매 기록 이메일 은행 정보	**SNS 데이터** -페이스북, 유튜브 -블로그, 트위터 -카페, 동호회 -좋아요, 댓글 **공공 데이터** -인구 통계 -경제 통계 -GIS, 날씨, 환경 -지역 정보 -상권 정보 **기업내부 데이터** -고객 정보 -매출 정보 -마케팅 캠페인 -VOC	새로운 시장 진출 새로운 제품/ 서비스 개발 매출 증대 이상탐지/예방정비 생산성 향상
공정 장비·설비	센서 데이터	-공정효율/불량률	

게 공부하고, 무슨 얘기를 하고, 무엇을 어떻게 사서 먹고, 어떤 상품을 어떤 식으로 구입하고, 왜 무엇을 하면서 어디서 놀고, 어디를 어떻게 여행하고, 누구와 어떤 식으로 의사소통하고, 어떤 사진/동영상을 공유하고, 어떤 사회활동을 하고 등 우리가 하는 거의 모든 것, 우리가 사용하는 모든 기기가 데이터를 만들어낸다. 그러므로 빅데이터에는 누가 언제 어디서 누구와 무엇을 어떻게 왜 하는지에 대한 정보가 그대로 담겨 있어 그 중요성이 다음과 같이 강조된다.

• 빅데이터는 21세기의 원유다. [피터 손더가드(Peter Sondergaard), 가트너(Gartner) 연구소]

- 빅데이터는 혁신, 경쟁, 생산성을 높이려는 새로운 싸움터다. [『매킨지 보고서』, 2011]

- 빅데이터는 이 시대의 가장 귀중한 화폐다. [신두 라니(Sindhu Rani), 작가]

- 빅데이터 속에 숨어 있는 것은 세상을 바꿀 수도 있는 지식이다. [아툴 버트(Atul Butte), 스탠퍼드대학교 의대 교수]

- 빅데이터가 없으면 고속도로 한가운데서 보지도 못하고 듣지도 못하는 것과 같다. [제프리 무어(Geoffrey Moore), 경영 컨설턴트]

기업 측면에서 빅데이터는 고객과 시장에 대한 풍부한 정보를 담고 있는 보물이라고 할 수 있는데, 이를 잘 분석함으로써 얻는 혜택은 다음과 같이 요약할 수 있다.

기존 고객에 대한 이해를 높임 잠재적 고객을 파악 시장 경쟁 구조와 주요 요인 파악 기업 운영의 효율을 점검 장비/설비/공장 운영의 효율을 파악 공급 체인/물류 등의 문제점을 인지	현명한 의사결정 빠른 의사결정	효율 증대 비용 감소 리스크 감소 매출 증대
새로운 서비스/상품을 개발하기 위한 아이디어 창출		새로운 매출 창출

기업의 경쟁우위는 빅데이터를 분석해 고객과 시장에 대한 통찰력 insight을 누가 더 잘 추출할 수 있느냐에 달렸다. 이런 흐름에 적응하지

못하면 기업은 경쟁우위를 확보하거나 유지할 수 없음은 물론 심지어 살아남을 수 없다.

그렇다면 기업은 빅데이터 시대에 구체적으로 어떻게 대응해야 할까? 첫째, 기업이 경쟁우위를 높이기 위해 디지털 전환^{digital transformation}으로 자기 사업을 혁신해야 한다. 디지털 전환은 빅데이터 시대의 5대 핵심기술을 자기 사업을 혁신하는 새로운 도구로 활용해 비즈니스를 혁신하는 것을 말한다.

이제 기업은 사업의 어느 영역에서 5대 핵심기술 중 어떤 기술을 어떻게 결합해 도입함으로써 혁신을 이룰지 끊임없이 고민하고 시도해야 한다. 진화론의 창시자인 찰스 다윈^{Charles Darwin}이 "살아남는 종은 가장 강한 것도 아니고 가장 똑똑한 것도 아니며 변화에 가장 잘 적응하는 종"이라고 말했듯이 기업은 빅데이터 시대의 변화된 기술과 환경을 새로운 혁신의 기회로 삼아야 한다. 그렇지 않으면 가만히 앉아서 적극적으로 빠르게 대응하는 경쟁자들이 앞서가는 것을 지켜볼 수밖에 없다.

둘째, 빅데이터를 잘 활용하려면 누가 언제 어디서 무엇을 어떻게 왜 하는지에 대한 정보를 담고 있는 데이터에서 고객과 시장에 대한 통찰력을 추출하는 능력을 갖추어야 한다. 다시 말하면 기계학습으로 대표되는 인공지능을 활용하는 능력을 갖춰야 한다. 더불어 데이터에서 추출한 통찰력을 고객 만족과 기업성과를 높이는 방향으로 의사결정에 활용하는 체계^{infrastructure}도 갖춰야 한다. 여기에서 체계는 기업 내 업무 처리 및 의사결정 프로세스와 조직문화 등을 의미한다.

셋째, 기업 경영진은 데이터 분석적으로 경영한다는 마인드, 즉 분석지향 리더십으로 무장해야 한다. 디지털 전환의 승패를 결정짓는 가장 중요한 요소는 바로 분석 지향 리더십이다. 왜냐하면 경영자가 데이터 분석적 경영의 잠재력을 절감하고 적극적으로 추진할 때만 분석적인 조직문화도 쉽게 구축되어 성공할 가능성이 커지기 때문이다. 데이터 분석적으로 경영한다는 것은 과거 경험이나 감이 아니라 데이터, 즉 사실에 근거해서 의사결정을 하고 경영을 하는 것이다.

이런 접근 방식이 성공하려면 수많은 조직구성원의 태도, 프로세스, 행동과 기술이 변해야 하는데, 이런 변화는 결코 우연히 일어나지 않는다. 이런 변화는 분석지향의 리더십만이 효과적으로 주도하고 이끌어낼 수 있으며, 나아가서는 조직문화를 데이터 분석에 근거한 의사결정을 하도록 바꿀 수 있다. 다시 말해 조직문화가 분석 지향적으로 변화하려면 경영자의 압력, 즉 경영자가 의사결정의 근거가 되는 데이터를 만들라고 구성원을 독려하고 그 분석결과를 잘 활용하도록 하는 압력이 절대적으로 필요하다.

구글, 아마존, 넷플릭스 등 글로벌 수준에서 최고 기업의 공통점은 무엇일까? 이들은 바로 데이터 분석적 경영으로 최고 경쟁력을 구가하는 기업이라는 사실이다. 그리고 그 성공의 배후에는 언제나 분석 지향적 조직문화를 구축하고 강요한 경영자가 있다. 이들 경영자의 공통된 신념은 "우리는 신을 믿는다. 하지만 (신이 아닌) 모든 다른 사람은 (근거가 되는) 데이터를 가져와라In God we trust, but all others must bring data"라는 유명한 문구다.

디지털 전환은
선택이 아니라 필수

디지털 전환은 빅데이터 시대의 5대 핵심기술인 소셜, 모바일, 사물인터넷,
클라우드, 인공지능을 자신의 사업을 혁신하는 새로운 도구로 활용하는 것이다.

육상의 필드 경기 중 하나인 높이뛰기^{high jump}는 1896년 제1회 아테네올림픽부터 줄곧 정식종목이었다. 높이뛰기는 도움닫기, 도약, 공중에서 동작으로 바를 넘는 경기인데, 높이 도약하되 (도약의 낭비 없이) 바를 넘을 정도만 도약하는 것이 핵심이다. 초기에는 〈그림 1-6〉의 왼쪽 위와 같은 가위뛰기를 했으나 1930년대 이후에는 오른쪽 위의 그림처럼 옆으로 굴러 뛰는 방법이 대세였다.[*]

그런데 1968년 멕시코올림픽에서는 미국의 딕 포스베리^{Dick Fosbury}

∗ 구체적으로는 가위뛰기 이후 1912년부터는 등면뛰기(western roll)가 사용되었고, 1936년 이후에는 등면뛰기에서 발전된 롤오버(straddle)가 사용되었다.

그림 1-6 높이뛰기 방법의 변화

출처: www.mayooshin.com/dick-fosbury/

선수가 오른쪽 아래의 그림과 같이 배면뛰기를 처음으로 선보여 관중을 놀라게 했다. 배면뛰기는 바를 향해 대각선으로 도움닫기를 하다가 도약하면서 공중에서 180도 회전해 바를 넘은 뒤 머리로 착지한다. 이런 낯선 동작을 처음 보는 관중에게 배면뛰기는 놀라움과 환호를 자아내기에 충분했다. 더욱이 포스베리는 당시로는 경이로운 2.24m라는 올림픽 기록을 세우면서 금메달을 거머쥐었다.

이후 배면뛰기는 그의 이름을 따서 포스베리 뛰기Fosbury flop라고 명명되었는데, 안정된 자세로 높이 도약할 수 있는 이점과 공중에서 무게중심이 낮은 이점으로 현재는 모든 선수가 이 방법을 사용한다. 역학적으로도 동일한 신체조건에서 배면뛰기가 더 높은 바를 넘을 수 있다는 것이 증명되었기 때문이다.

높이뛰기의 역사는 포스베리의 배면뛰기를 기준으로 해 1968년 이전과 이후로 나뉜다고 한다. 포스베리는 높이뛰기에 관해 자신이 배운 모든 지식과 기술을 버리고 거의 독학으로 새로운 기술을 연마했다. 처음에 그가 배면뛰기를 시도했을 때 그의 동작이 마치 잡힌 물고기가 배 위에서 팔딱 뛰는 것 같다는 조롱을 받기도 했다. 하지만 그는 계속 배면뛰기를 연마해 마침내 높이뛰기의 역사를 바꿨다. 그는 어떻게 해서 남들은 시도조차 하지 않은(뒷머리로 착지하기 때문에 매우 위험함) 배면뛰기를 시작하게 되었을까?

그는 변화된 기술과 환경이 최대한 자신에게 유리하게 작용하도록 배면뛰기를 시도했다. 높이뛰기에서 선수들이 바를 넘은 뒤 착지하는 곳에는 부상을 막기 위해서 모래나 톱밥을 깔아놓았다. 그 당시까지 높이뛰기 선수들이 사용한 방법은 모두 발로 착지하거나(가위뛰기) 손발로 착지하는 것이었다(롤오버). 2.2m 정도 높이에서 떨어지는 선수들에게 모래나 톱밥은 여전히 안전을 담보해주지 않았으므로 머리로 착지한다는 것은 어느 선수도 상상조차 하지 못했다.

그런데 1960년대 중반에 고무 발포로 만들어진 매트가 모래나 톱밥 대신 사용되기 시작했다. 이 매트는 부드러울 뿐만 아니라 모래나 톱밥보다 높이 쌓을 수 있었다. 따라서 착지할 때 선수들이 받는 충격은 거의 없었다. 포스베리는 이런 환경 변화에 맞추어 과감한 기술을 시도했다. 다른 선수들은 관성에 젖어 기존 방법을 답습할 때 그는 머리로 착지하는 새로운 배면뛰기를 시도한 것이다. 그리고 그의 시도는 높이뛰기 역사를 바꾸는 엄청난 성공으로 이어졌다.

포스베리의 사례가 시사하는 바는 명확하다. 이미 우리 곁에 와 있는 기술과 환경 변화, 즉 빅데이터와 인공지능을 기업이 혁신의 도구로 활용해야 한다는 것이다. 빅데이터 시대의 5대 핵심기술인 소셜, 모바일, 사물인터넷, 클라우드, 인공지능을 자기 사업을 혁신하는 새로운 도구로 활용하는 디지털 전환은 이제 선택이 아니라 필수다.

빅데이터와
인공지능의 관계

인공지능과 빅데이터의 관계는 상호보완적이다. 빅데이터 자체는 인공지능이 없으면
분석하기가 거의 불가능하고, 인공지능은 데이터가 많을수록 성능이 좋아진다.

데이터의 특징은 아무 말이 없다는 것이다. 그냥 쌓아만 놓은 데이터는 저장 비용만 소모할 뿐 그 속에 들어 있는 중요한 정보, 구체적으로 말하면 데이터에 숨어 있는 패턴을 결코 스스로는 토해내지 않는다.

하지만 경제학자 로널드 코스$^{Ronald Coase}$가 말했듯이 데이터를 충분히 오랫동안 고문한다면 무엇이든 자백하게 할 수 있다. 문제는 빅데이터에서 어떤 패턴을 찾아내는 것을 사람이 수작업으로 하기가 거의 불가능하다는 것이다. 데이터의 양도 많고 종류도 다양할 뿐만 아니라 실시간으로 연속해서 유입되기 때문이다. 이렇게 사람이 하기는 불가능한 일을 대신해주는 것이 인공지능이다. 예를 들어보자.

어느 제조회사의 건물, 공장 주차장 등을 CCTV 100대로 감시한다고 하자. 이 CCTV 100대는 하루 종일 쉬지 않고 작동하므로 매일 2,400시간짜리 비디오 영상이 만들어진다. 만일 사람이 이 영상을 보면서 의심스러운 상황을 확인한다면 최소한 50~60명으로 구성된 팀이 있어야 한다. 하지만 의심스러운 상황이나 행동의 패턴을 학습한 인공지능 프로그램 하나로 실시간 감시와 경보까지 가능하다.

인공지능은 인간의 지능, 즉 인간이 하는 모든 것을 할 수 있는 로봇, 구체적으로는 소프트웨어, 하드웨어 또는 그 둘의 조합으로 정의된다. 일반적으로 인공지능은 인간이 할 수 있는 것(예를 들어 배우고, 말하고, 듣고, 보고, 계산하고, 추론하고, 느끼고, 움직이고, 문제를 해결하고 등)을 다음과 같이 5개 영역으로 구분한다.

- **언어지능**: 자연어(글. 말 등)를 이해하고 소통하는 것

- **시각지능**: 이미지에서 물체를 인식하는 것

- **공간지능**: 3차원으로 생각하는 지능

- **감성지능**: 자신이나 타인의 감정을 인지하는 것

- **창작지능**: 새로운 것을 만들어내는 능력

인공지능의 기법은 〈그림 1-7〉과 같이 구분할 수 있다.
규칙기반 인공지능은 데이터에 들어 있는 변수 간 패턴을 규칙화

그림 1-7 인공지능의 구분

언어지능 시각지능 공간지능 감성지능 창작지능

규칙기반 AI

상호관계
↓
규칙

패턴 기반 AI(기계학습)

데이터에서
학습

딥러닝

특징 자체 학습

하는 것이다. 하지만 데이터 속 복잡한 관계를 모드 규칙으로 만들기는 쉽지 않다. 예를 들어 메일이 왔을 때 이 메일이 스팸인지 정상 메일인지 구분하는 스팸 필터 프로그램을 만든다고 하자. 규칙기반으로 만들려면 스팸이 아닌지 스팸인지 고르는 규칙(조건문)을 나열해야 한다. 하지만 예를 들어 대박, 할인, 공짜 등 스팸 필터는 최소한 1만 개 단어를 고려하는데[*] 메일에 각 단어가 들어 있는지 확인하려면 프로그램이 1만 줄 필요하다. 만약 두 단어 조합을 고려하는 규칙을 만들려면 프로그램이 약 5천만 줄이 더 필요하다.[**] 규칙을 나열하는 것만도 수작업으로는 불가능한 것이다.

　기계학습은 수작업으로 규칙을 만들기가(프로그래밍하기가) 불가능

---

* 스팸 발송자들이 끝없이 새로 만들어내는 변형 단어들을 고려하면 단어 수는 더 많이 증가한다.
** 10,000개 중 2개의 합(combination)이므로 $_{10,000}C_2 = 10,000 \times 9,999/2 = 49,995,000$

한 문제를 컴퓨터 알고리즘이 데이터에 내재하는 패턴을 스스로 학습하는 것이다. 기계학습의 종류는 다음과 같이 구분할 수 있다.[*]

- **데이터 마이닝**: 센서 데이터, 클릭기록, 의료기록, DNA 분석 등

- 수작업으로 프로그래밍할 수 없는 것들: 글자 인식, 이미지 인식, 스팸 제거, 자율운행(차, 헬기) 등

- 개인 최적화 추천 알고리즘

- 강화학습

  기계학습의 문제는 데이터에 내재하는 패턴을 찾기 위해 정답이 붙은 많은 데이터가 필요하다는 것이다. 예를 들어 스팸 필터는 스팸과 메일 각각 몇천 개로는 학습의 정확성이 매우 낮으므로 최소한 각각 수십만 개 메일과 스팸이 필요하다. 또한 패턴을 찾으려면(예를 들어 스팸과 메일이 얼마나 다른지를 계산하려면) 엄청난 계산을 빠르게 수행해야 하므로 고성능 컴퓨팅 파워도 필요하다. 데이터의 폭증과 함께 컴퓨터 계산 능력과 알고리즘이 비약적으로 발전한 빅데이터 시대에 기계학습이 안성맞춤의 궁합으로 눈부신 성과를 내는 이유가 바로 여기에 있다. (딥러닝에 대해서는 2장에서 자세히 설명한다.)

---

[*] 앤드류 응의 기계학습 강의 자료(코세라).

요약하면 인공지능과 빅데이터의 관계는 동전의 앞뒷면처럼 상호 보완적이라고 할 수 있다. 빅데이터 자체는 인공지능(기계학습)이 없으면 분석하기가 거의 불가능하고, 인공지능(기계학습)은 데이터가 많을수록 성능이 좋아진다. 빅데이터와 인공지능을 적절하게 결합함으로써 어떤 기업이나 조직은 문제해결에서 더 빠른 의사결정, 더 나은 의사결정을 하게 된다. 결과적으로 효율 증대, 비용 감소, 리스크 감소, 매출 증대, 새로운 매출 기회 창출의 성과를 거둘 수 있다.

인공지능도 이미 우리 곁에 와 있는 미래 중 하나
다. 인공지능은 인간이 할 수 있는 것(예를 들어 말하
고, 듣고, 보고, 계산하고, 생각하고, 느끼고, 움직이고, 문
제를 해결하고)을 할 수 있는 소프트웨어와 하드웨어
또는 그 둘의 조합을 말한다. 2장에서는 인공지능에
대한 안목을 기르기 위해 인공지능의 시작부터 딥
러닝에 이르는 과정을 요약한다.

2장

인공지능의
과거, 현재 그리고 미래

인공지능 초기의 호언장담과 첫겨울

인공지능에 대한 기대와 장밋빛 약속이 실현되지 않으면서
인공지능에 대한 관심이 떨어졌고, 인공지능에 첫겨울이 왔다.

인공지능은 인간이 하는 모든 것을 할 수 있는 로봇, 구체적으로는
소프트웨어, 하드웨어 또는 그 둘의 조합으로 정의된다. 문제는 인간
이 할 수 있는 것(예를 들어 말하고, 듣고, 보고, 계산하고, 생각하고, 느끼
고, 움직이고, 문제를 해결하고)이 무수히 많고 서로 밀접하게 연결되어
있어 어느 것 하나 쉬운 것이 없다는 것이다. 하지만 인공지능 초기의
학자들은 장밋빛 기대에 부풀어 20~30년 안에 사람이 하는 모든 것
을 인공지능이 할 수 있다고 호언장담했다.

인공지능AI; Artificial Intelligence이란 용어는 1956년 다트머스에서 열린
콘퍼런스에서 처음 사용되었다. 당시 젊은 학자(주로 컴퓨터공학자)들
이 여름방학 2달간 다트머스대학교에 모여서 AI 연구를 진행했다. 회

의에서 뚜렷한 성과는 없었지만 여기에 참가했던 학자 10명은 얼마 지나지 않아 인공지능 분야의 중심인물로 등장해 그 후 수십 년간 핵심 리더로서 인공지능 분야를 주도하게 된다. 이 10명 중 4명이 컴퓨터공학 분야의 노벨상이라 불리는 튜링상을 수상했고[*] 정보이론의 창시자인 클로드 섀넌^{Claude Shannon}은 나중에 그 이름이 붙은 상까지 만들어졌다. 그들 대부분은 자신들의 세대에(20~30년 안에) 사람과 같은 지능을 가진 인공지능이 등장할 것으로 예측했고, 그런 예측을 실현하기 위해 수백만 달러의 연구비가 지원되었다.

그 한 해 뒤인 1957년에는 프랭크 로젠블라트^{Frank Rosenblatt}가 인공신경망의 기원이 되는 퍼셉트론을 고안했다. 퍼셉트론^{perceptron}은 인지를 나타내는 perception과 신경세포인 neuron의 합성어로, 인공지능을 구현하기 위해 신경세포 하나의 동작을 논리화한 것이다. 즉 〈그림 2-1〉과 같이 생물학적 뉴런이 감각 정보를 받아서 문제를 인지해 해결하는 원리를 모방했다. 결과적으로 퍼셉트론은 다수의 신호를 입력

그림 2-1 퍼셉트론의 구조

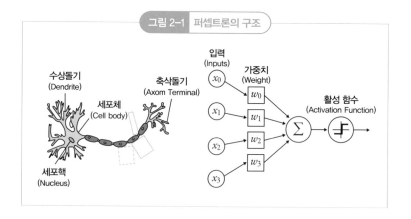

받아 하나의 신호를 출력하는 알고리즘으로, 가장 간단한 형태의 선형분류기로 볼 수 있다.

인공지능을 구현하려는 접근 방식에는 두 가지가 있다. 하나는 사람들의 논리적 추론을 기호의 기계적 조작과 계산으로 형식화하려는 시도(기호주의)로, 1940년 후반 이후 컴퓨터의 발명과 발달로 이런 시도는 절정을 맞이하게 된다.

다른 하나는 뇌의 신경세포 간 연결과 연결의 강도를 모방한 연결주의 방식으로, '퍼셉트론'은 연결주의에 입각한 가장 간단한 형태의 인공신경망이다. 로젠블라트는 이 퍼셉트론을 기반으로 세계 최초로 사람의 도움 없이 스스로 인지할 수 있는 장치devise를 컴퓨터에서 구현했다. 그는 1958년 해군연구소의 지원을 받아 스스로 학습하는 장치를 만들어냈는데, 이를 '컴퓨터 태아'라고 이름 붙인 당시 〈뉴욕타임스〉 기사를 보자(1958년 7월 8일, 그림 2-2). 기사 제목은 '해군의 장치가 실행으로 배운다: 읽고 점점 똑똑해지도록 고안된 컴퓨터 태아를 심리학자가 시연'이다.

세계 최초로 인지할 수 있는 이 기계 퍼셉트론**은 당시로는 최첨단인 IBM 704 컴퓨터***에서 시연되었는데, 단지 50번의 훈련으로 사각형이 그려진 카드를 읽어서 사각형이 카드의 왼쪽에 있는지 오른

＊ 그중 한 명인 허버트 사이먼(Herbert Simon)은 노벨상(경제학)과 튜링상을 모두 수상했다.
＊＊ 각 카드는 20×20=400개 정보로 입력되어 1,000개 노드와 연결된 단일 층 인공신경망으로 볼 수 있다.
＊＊＊ 당시 미국 기상청이 보유하고 있던 방 하나 크기의 컴퓨터로, 중량은 5톤이며 가격은 200만 달러였다.

그림 2-2 | 당시의 〈뉴욕타임스〉 기사

NEW NAVY DEVICE LEARNS BY DOING

Psychologist Shows Embryo of Computer Designed to Read and Grow Wiser

WASHINGTON, July 7 (UPI) —The Navy revealed the embryo of an electronic computer today that it expects will be able to walk, talk, see, write, reproduce itself and be conscious of its existence.

The embryo—the Weather Bureau's $2,000,000 "704" computer—learned to differentiate between right and left after fifty attempts in the Navy's demonstration for newsmen.

The service said it would use this principle to build the first of its Perceptron thinking machines that will be able to read and write. It is expected to be finished in about a year at a cost of $100,000.

Dr. Frank Rosenblatt, designer of the Perceptron, conducted the demonstration. He said the machine would be the first device to think as the human brain. As do human be-ings, Perceptron will make mistakes at first, but will grow wiser as it gains experience, he said.

Dr. Rosenblatt, a research psychologist at the Cornell Aeronautical Laboratory, Buffalo, said Perceptrons might be fired to the planets as mechanical space explorers.

Without Human Controls

The Navy said the perceptron would be the first non-living mechanism "capable of receiving, recognizing and identifying its surroundings without any human training or control."

The "brain" is designed to remember images and information it has perceived itself. Ordinary computers remember only what is fed into them on punch cards or magnetic tape.

Later Perceptrons will be able to recognize people and call out their names and instantly translate speech in one language to speech or writing in another language, it was predicted.

Mr. Rosenblatt said in principle it would be possible to build brains that could reproduce themselves on an assembly line and which would be conscious of their existence.

In today's demonstration, the "704" was fed two cards, one with squares marked on the left side and the other with squares on the right side.

Learns by Doing

In the first fifty trials, the machine made no distinction between them. It then started registering a "Q" for the left squares and "O" for the right squares.

Dr. Rosenblatt said he could explain why the machine learned only in highly technical terms. But he said the computer had undergone a "self-induced change in the wiring diagram."

The first Perceptron will have about 1,000 electronic "association cells" receiving electrical impulses from an eye-like scanning device with 400 photo-cells. The human brain has 10,000,000,000 responsive cells, including 100,000,000 connections with the eyes.

출처: www.forum.huawei.com/enterprise/en/perceptron/thread/624123-100504

쪽에 있는지 맞혔다. 이 기사에서 로젠블라트는 "공상과학 영역에서 인간 수준의 기계를 만드는 이야기가 매우 멋지지만 실제로 그런 기계가 만들어진 것을 목격하고 있다"라고 자랑했다. 해군연구소는 한 발 더 나아가 이 컴퓨터 태아가 걷고, 말하고, 보고, 쓰고, 자신을 복제하고, 자기 존재를 인식할 수 있기를 기대한다고 발표했다.

지금의 시각으로 보면 기껏해야 사각형 하나만 그려진 카드를 읽고 사각형이 어느 쪽에 있는지를 맞히는 인공지능을 보고 이것이 발달해서 앞으로 '걷고, 말하고, 보고, 쓰고, 자신을 복제하고, 자기 존재를 인식할 수 있기를 기대'한 것은 인공지능의 능력을 과대평가한 듯하다. 하지만 당시의 많은 인공지능 학자는 정말로 그렇게 생각한 것 같다. 앞에서 언급한 다트머스회의에 참석했던 학자들도 그런 기대가 곧 이루어질 거라고 생각해서 다음과 같이 예언했다.

- 디지털 컴퓨터는 10년 안에 세계 체스 챔피언이 되는 것은 물론 새로운 수학 정리를 증명할 것이다. (사이먼과 뉴엘, 1958)

- 앞으로 20년 안에 기계는 사람이 할 수 있는 일은 무엇이든지 할 수 있게 될 것이다. (사이먼, 1965)

- 3~8년 안에 평균적인 인간의 지능을 가진 기계가 탄생할 것이고, 한 세대 안에 인공지능을 창조하는 대부분 문제가 해결될 것이다. (민스키, 1967)

당시에 많은 전문가가 인공지능의 장밋빛 미래를 예상한 것은 전혀 근거가 없는 게 아니었다. 당시 개발된 여러 인공지능이 이들에게 인공지능의 장밋빛 미래를 꿈꾸게 했을 것이다. 몇 가지 구체적인 예를 들어보자.

- **논리 이론가**Logic Theorist: 1956년 개발한 최초의 인공지능 프로그램으로 화이트헤드와 러셀이 저술한 『수학 원리Whitehead & Russell』 2장에 있는 52개 정리 중 38개를 증명했다. 특히 2.85 정리의 증명은 저자들의 증명보다 더 우아해서, 사이먼이 그 증명을 러셀에게 보여주자 러셀은 인공지능의 매우 수준 높은 증명에 매우 놀랐다고 한다.

- **범용 문제해결기** General Problem Solver: 뉴엘, 사이먼, 쇼가 1959년에 개발한 것으로, 정형적인 기호체계로 나타낼 수 있는 문제를 보편적으로 해결하는 컴퓨터 프로그램이다. 예를 들어 사람들에게는 매우 어렵고 복잡한 하노이탑 문제를 쉽게 해결했다.

- **스튜던트** STUDENT: 민스키의 제자 대니얼 보로 Daniel Bobrow가 1964년 개발한 것으로, 고등학교 대수 algebra 교과서에 나오는 문제를 자연언어 그대로 입력받은 뒤 푸는 프로그램이다. 예를 들어 "광고 횟수의 20%의 제곱의 2배만큼 고객이 증가한다고 할 때, 광고 횟수가 45라면 증가하는 고객은 몇 명인가?"라는 문제에 쉽게 답을 준다. 자연어 처리 natural language processing의 초기 성과로 유명하지만 수학 교과서는 제한적인 단어만 사용해 규칙적인 문제로 기술되기 때문에 일상 언어보다는 훨씬 쉬운 문제라고 할 수 있다.

하지만 인공지능에 대한 장밋빛 약속이 실현되지 않으면서 인공지능에 보이던 기대와 관심이 시들며 인공지능에 겨울이 왔다. 전문가들은 인공지능에 조만간 걷고, 말하고, 보고, 쓰고, 자신을 복제하고, 자기 존재를 인식하게 하는 작업의 어려움을 과소평가했고, 언론의 과잉 홍보와 그에 따른 사람들의 너무 큰 기대도 인공지능에 한파가 찾아오게 하는 데 한몫했다. 인공지능의 겨울이란 인공지능에 대한 기대나 흥미가 크게 떨어져 정부나 기업의 재정적 지원이 대폭 감소한 것을 말한다.

특히 1969년 민스키와 페퍼트는 『퍼셉트론스 Perceptrons』라는 책을 펴낸다. 이 책에서 저자들은 퍼셉트론의 결정적 한계, 즉 XOR 문제를 풀 수 없다는 것을 수학적으로 증명함으로써 인공지능의 겨울을 앞

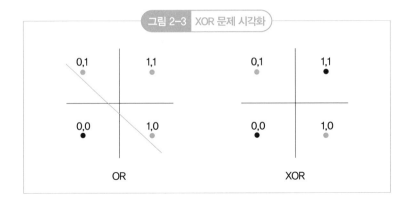

그림 2-3 XOR 문제 시각화

OR

XOR

당기는 결정적 역할을 했다. XOR 문제는 〈그림 2-3〉과 같이 0과 1로 이루어진 4개 조합[(0,0), (1,1), (1,0), (1,1)]에서 둘 중 하나만 1인 경우*를 둘 모두 0이거나 1인 경우와 구별하는 문제다.

퍼셉트론이 위의 오른쪽 그림에서 검은 점과 초록 점을 구분할 수 없는 이유는, 가장 간단한 형태의 선형분류기이므로 어떤 직선을 긋는다고 해도 분류가 불가능하기 때문이다. 퍼셉트론을 연결함으로써, 즉 다층 퍼셉트론multi-layer perceptron으로 이 문제를 해결할 수 있지만 민스키와 페퍼트는 당시로는 다층 퍼셉트론의 가중치(연결선의 강도)를 학습할(적절한 가중치의 값을 찾는) 실행 가능한 방법이 존재하지 않는다고 단정했다.

---

* 배타적(eXclusive) OR이므로 약자로 XOR로 표현한다.

약한 인공지능과 기계학습

실용적으로 가치가 있는 인공지능을 개발하는 것으로 방향 전환, 즉 특정한 영역이나 문제에 한정해 인간과 같은 지능적 행동을 할 수 있는 약한 인공지능에 집중한다.

인공지능에 대한 관심과 기대가 떨어지자 인공지능 전문가들은 사람처럼 사고하고 문제를 해결하는 인공지능(이를 강한 인공지능이라고 함)보다는 실용적으로 의미와 가치가 있는 인공지능을 개발하고자 했다. 즉 특정한 영역이나 문제에 한정해 인간과 같은 지능적 행동을 할 수 있는 약한 인공지능에 초점을 맞춘 것이다.[*] 그 대표적인 것이

---

[*] 예를 들어 바둑에서 이세돌 9단을 이긴 알파고는 상대를 이기려는 최선의 다음 수를 찾는 문제만 해결할 수 있는 약한 인공지능이다. 즉 알파고가 스스로 다음 수를 찾은 것이 아니라 사람이 만든 알고리즘을 엄청난 계산을 하면서 수행한 결과에서 나온 것이다. 영화 〈터미네이터〉에 나오는 살인병기 로봇도 물체를 인식하고, 움직이고, 심지어는 총까지 쏘지만 오로지 목표를 살해하는 문제에 특화된 약한 인공지능이다. 강한 인공지능이 되려면 실제로 스스로 사고하고, 자아를 인식해야 한다. 인공지능이 사람처럼 생각한다는 것이 과연 어떤 의미인지에 대해서는 57쪽의 팁박스 튜링 테스트와 중국어 방의 역설을 참조하면 된다.

1980년대 초에 유행한 전문가 시스템^{Expert System}이다. 전문가 시스템의 핵심은 협소하고 특정한 영역에서 추출한 전문가들의 지식을 논리적 규칙으로 나타내려는 것이다. 대표적인 사례를 보자.

- **마이신**^{MYCIN}: 스탠퍼드대학교에서 개발된 것으로 박테리아 감염에 의한 질환을 진단해 그에 맞는 적절한 항생제를 추천하는 인공지능이다. 이 분야의 전문가 지식을 모아서 600여 개 규칙으로 집약했는데 증상과 관련된 질문에 "예/아니요"로 대답하면 가능한 진단 목록을 출력한다. 환자 약 69%에게 적합한 처방을 내렸는데 이는 의사보다 정확한 처방이었다. 하지만 실제로 활용된 적은 없으며, 이후 다양한 영역에서 규칙 기반의 전문가 시스템 개발에 큰 영향을 미쳤다.

- **엑스콘**^{eXpert CONfigurer}: 1978년 개발된 것으로 VAX 컴퓨터 주문 시에 조립하는 데 필요한 부품을 선별하는 전문가 시스템이다. VAX 컴퓨터는 주문 시 기기 내부의 전선이나 부품을 골라서 주문해야 하므로 정확한 주문서에 따른 정확한 부품 선정이 필수적이다. 2,500개 규칙을 바탕으로 부품 선정에서 95% 이상의 정확도를 나타냈으며, 1986년까지 약 8만 개의 주문을 처리했다.

하지만 전문가 시스템 개발에는 몇 가지 문제가 있었다. 가장 큰 문제는 이른바 '지식 추출의 병목 현상'이었다. 전문가 시스템을 개발하려면 우선 전문가로부터 그들의 전문지식을 추출해야 하는데, 많은 경우 전문가들에게서 도대체 무엇을 정확히 얻어내야 하는지가 불분명했다. 더욱이 전문가들의 오랜 경험이 바탕이 된 직관이나 감은 추출하기 어려울 뿐만 아니라, 추출한다고 하더라도 논리적 규칙으로 만들기가 어려웠다.

또한 전문가 시스템을 개발했다고 하더라도 문제 자체의 상황이나 맥락이 변화하면 유지 및 보수 업무 자체가 매우 복잡해서 아예 기존의 규칙을 모두 수정해서 새로운 시스템을 구축해야 했다. 이런 이유로 전문가 시스템의 한계가 드러나고 기대 역시 쇠퇴하면서 1980년 말에 인공지능 연구는 두 번째 겨울을 맞이하게 된다.

인공지능 연구는 두 번째 겨울을 겪으면서 '분할 후 정복'하되 더욱 세밀하게 분할해서 특정 형태로 정의된 문제를 해결하는 인공지능을 추구했다. 이런 시도는 다양한 분야에서 눈부신 업적을 내기 시작했는데, 기계학습(머신러닝)이 대표적이다. 기계학습이란 용어를 처음으로 사용한 아서 새뮤얼Arthur Samuel은 기계학습이란 "명시적으로 프로그래밍하지 않고도 컴퓨터가 학습할 능력을 갖추게 하는 것"이라고 정의했다. 다시 말해서 기계학습이란 수작업으로 프로그래밍이 불가능한 문제를 컴퓨터 알고리즘이 데이터에서 스스로 학습하는 것을 의미한다.

하지만 데이터에서 어떤 패턴을 찾아내려면 데이터가 많이 필요한데, 데이터 폭증과 이를 처리하기 위한 컴퓨터 계산능력이 획기적으로 향상되면서 다양한 영역에서 기계학습은 전성기를 누리고 있다. 메일과 스팸을 구분하는 스팸 필터의 사례를 들어보자. 스팸은 수신자가 원하지 않는데도 일방적으로 전송되는 광고성 메일로 귀찮을 뿐만 아니라 악성코드 유포, 피싱 사기 등 때문에 차단할 필요가 있다. 스팸 필터는 이 스팸을 식별해서 제거하는 프로그램이다.

문자 메시지가 왔을 때 이 문자가 스팸 문자인지 정상 문자인지 구분하는 프로그램을 만든다고 하자. 스팸 필터를 수작업으로 프로그래밍하려면 스팸이 아닌지 스팸인지 고르는 기준으로 명령어(조건문)를 나열해야 한다. 하지만 예를 들어 대박, 할인, 공짜 등 스팸 필터는 최소한 1만 단어를 고려하는데[*] 메일에 각 단어가 들어 있는지 확인하려면 프로그램이 1만 줄 필요하다. 만약 두 단어 조합을 고려한다면 프로그램이 약 5천만 줄이나 더 필요하다.[**] 즉 수작업으로는 프로그램이 불가능한 것이다.

스팸 필터는 지도학습$^{supervised\ learning}$을 이용한다(지도학습에 대해서는 2장 뒤에서 자세히 설명한다). 지도학습은 어린아이가 지도를 받아서 배우는 방식과 같다. 어린아이는 특정 동물(입력)을 개나 고양이라고(정답) 가르쳐주면(지도) 스스로 개나 고양이를 구별하는 패턴을 인식해 이후에는 어떤 동물을 보면 개인지 고양이인지 판단한다. 마찬가지로 기계학습도 개나 고양이의 사진과 정답을 주면 스스로 패턴을 인식해 새로운 사진에 주어진 동물이 개인지 고양이인지 예측한다. 스팸 필터는 스팸인지 메일인지 정답(label이라고 함)을 알려주는 데이터를 주면 이 데이터를 활용해 메일과 스팸을 구분하는 패턴을 스스로 학습한다.

물론 대부분 어린아이는 개인지 고양이인지 한 번만 가르쳐주면 나름대로 패턴을 인식해 다음부터는 쉽게 구분할 수 있지만 대부분의

---

[*] 스팸 발송자들이 끝없이 새로 만들어내는 변형 단어들을 고려하면 단어 수는 더 크게 증가한다.
[**] 10,000개 중 두 합(combination)이므로 $_{10,000}C_2=10,000\times9,999/2=49,995,000$.

기계학습 기법은 구분 패턴을 찾기 위해 많은 정답이 붙은 데이터가 필요하다. 예를 들어 스팸 필터는 스팸과 메일 각각 몇천 개로는 학습의 정확성이 매우 낮으므로 최소한 각각 수십만 개 메일과 스팸이 필요하다. 또한 패턴을 찾으려면(예를 들면 개와 고양이가 얼마나 다른지 계산하려면) 엄청난 계산을 빠르게 해야 하므로 고성능 컴퓨팅 파워도 필요하다.

TIP 튜링 테스트와 중국어 방의 역설

1950년 앨런 튜링이 제시한 튜링 테스트는 인간의 것과 동등하거나 구별할 수 없는 지능적인 행동을 보여주는 기계의 능력을 테스트하는 것이다. 그는 컴퓨터와 대화해 컴퓨터의 반응을 인간의 반응과 구별할 수 없다면 컴퓨터가 스스로 사고할 수 있는 것으로 간주해야 한다고 주장했다. 하지만 앨런 튜링은 이런 포괄적인 논리만 제안했을 뿐, 구체적인 실험 방법은 언급하지 않았다. 그렇기 때문에 그 방법은 후대 과학자들이 결정했고 그의 이름을 따 '튜링 테스트'라고 불렀다.*

실험 방법은 다음과 같다. 심판은 한쪽은 컴퓨터, 다른 한쪽은 진짜 사람과 채팅을 한다. 한 상대방과 다섯 번씩 컴퓨터 채팅으로 대화하며, 심판은 더 자연스럽게 대화를 나눈 쪽이 사람이라고 판단한다. 컴퓨터가 전체 심판진 가운데 3분의 1 이상을 속이면 그 컴퓨터는 인공지능을 지녔다고 인정받는다.

중국어 방(Chinese room)은 미국 철학자 존 설(John Searle)이 튜링 테스트로 기계의 인공지능 여부를 판정할 수 없다는 것을 논증하기 위해 고안한 사고실험이다.**

실험 방법은 다음과 같다. 우선 방 안에 영어만 할 줄 아는 사람이 들어간다. 그 방에 필담을 할 수 있는 도구와 미리 만들어놓은 중국어 질문과 질문에 대한 대답 목록을 준비해둔다. 이 방 안으로 중국인 심사관이 중국어로 질문을 써서 안으로 넣으면 방 안의 사람은 그것을 준비된 대응표

---

* www.blog.kepco.co.kr/1220
** www.ko.wikipedia.org/wiki/중국어_방

에 따라 답변을 중국어로 써서 밖의 심사관에게 준다.

안에 어떤 사람이 있는지 모르는 중국인이 보면 안에 있는 사람은 중국어를 할 줄 아는 것처럼 보인다. 그러나 안에 있는 사람은 실제로는 중국어를 전혀 모르고, 중국어 질문을 이해하지 못한 채 주어진 표에 따라 대답할 뿐이다. 이로부터 중국어로 질문과 답변을 완벽히 한다고 해도 안에 있는 사람이 중국어를 진짜로 이해하는지 어떤지 판정할 수 없다는 결론을 얻는다. 이와 마찬가지로 지능이 있어서 질문 답변을 수행할 수 있는 기계가 있어도 그것을 지능이 있는 튜링 테스트로는 판정할 수 없다는 주장이다.

중국어 방 사고실험은 인간의 마음과 두뇌의 관계가 컴퓨터 프로그램과 하드웨어의 관계와 같다는 생각을 논박하기 위해 마련된 것이며, 인공지능의 본질과 그 범위 및 한계 등의 문제를 논의할 때마다 자주 언급되었다.

중국어 방의 서양인은 컴퓨터의 하드웨어에 비유된다. 존 설의 주장에 따르면, 컴퓨터가 튜링 테스트를 통과했다 하더라도 컴퓨터는 인간의 마음을 갖고 있지 않다. 비록 유의미한 출력이 있었다 하더라도 입력과 출력의 의미를 이해하지는 못했을 것이기 때문이다. 따라서 존 설은 튜링 테스트를 통과한 기계가 인간의 인지능력을 갖고 있다고 유추하는 것은 잘못된 것이라는 반론을 제시했다.

딥러닝의
화려한 등장

전기나 불보다 더 심오하다는 딥러닝은 개인화 추천, 자동 번역,
자율주행 자동차, 가상 비서, 사기 탐지, 감성 분석, 내용 요약 및
창작 등의 분야에서 광범위하게 활용되고 있다.

인공지능은 겨울을 두 번 겪으면서도 꾸준히 이미 드러난 문제점
을 해결하려는 새로운 시도를 지속했으며 다양한 새 기법을 성공적으
로 개발했다.[*] 그중에서도 딥러닝의 화려한 등장으로 주목받고 이후
딥러닝 전성기를 가져온 것은 2012년의 알렉스넷^{AlexNet}이 계기가 되
었다. 알렉스넷이 어떤 인공지능인지 알아보자.

인공지능은 인간의 지능, 즉 자연언어의 이해능력, 지각능력, 학습
능력, 추론능력 등을 컴퓨터 프로그램으로 실현하는 것이다. 일반적

---

* 예를 들면 오차 역전파, 새로운 활성함수(ReLU) 도입, 드롭아웃(dropout), 가중치 초깃값 선정 등이 있다.

그림 2-4 고양이 이미지의 입력 데이터

컴퓨터가 인식하는 것

출처: CS231,github

으로 인공지능은 언어지능, 시각지능, 공간지능, 감성지능, 요약/창작 5대 영역으로 구분한다. 이 영역이 모두 매우 어렵지만 시각지능은 특히 어려움을 겪었다. 사람들은 이미지에 여러 물체가 있어도 각각의 물체가 무엇인지 쉽게 인식한다. 예를 들어 고양이가 어떤 배경에서 어떤 크기로 어떤 모습으로 있는지 관계없이 고양이라고 인식할 수 있다. 하지만 컴퓨터가 시각적으로 물체를 인식하려면 이미지를 〈그림 2-4〉와 같이 픽셀로 나누어 각 픽셀의 밝기가 수치로 입력되어야 한다.

따라서 같은 고양이라도 배경, 크기, 모습에 따라 전혀 다른 수치가 입력되므로 컴퓨터는 이미지 속의 대상을 정확하게 인식하기가 무척 어려웠다. 특히 위치, 자세, 배경, 밝기 등이 많이 다르더라도 대상 인식과 무관한 변화이므로 이런 차이에는 민감하지 않아야 한다. 그러나 셰퍼드와 늑대를 구별하는 것과 같이 사소한 차이지만 대상 인식에 중요한 특징 변화에는 민감해야 한다. 이런 어려움 때문에 컴퓨터는 시각인식에서 오류율이 25%가 넘었다.

이미지넷ImageNet은 시각인식을 위해 만들어진 이미지 데이터로, 이미지 약 1,400만 장의 이미지에 대해 어떤 물체인지 사람들이 정답을 매긴 것이다. 각 이미지에 대한 정답은 6년 동안 5만 명이 크라우드소싱crowdsourcing으로* 작업해 약 2만 2천 개의 물체로 분류했다. ILSVRC은 ImageNet Large Scale Visual Recognition Challenge의 약자로 이미지 인식image recognition 또는 이미지 분류image classification 경진대회다. 컴퓨터 시각인식에서 연구자들 간 경쟁과 비교로 오류율 개선을 측정하고자 2010년부터 열렸는데 물체 1천 종류가 담긴 이미지 약 140만 장을 주고 인공지능, 구체적으로는 이미지 인식(분류) 알고리즘의 성능을 평가한다.

2010년과 2011년 우승을 차지한 알고리즘은 얕은 구조shallow architecture를 가진 알고리즘으로 이미지 인식에 유용하다고 생각되는 특성을 연구자들이 이미지에서 직접 추출해서 사용했다(예를 들면 SIFT, HOG 등). 그러나 2012년에는 딥러닝 기반의 알고리즘인 알렉스

---

* 약 1,400만 장의 이미지에 일일이 정답을 매기는 과정에 일반 대중이 참여할 수 있도록 개방한 것.

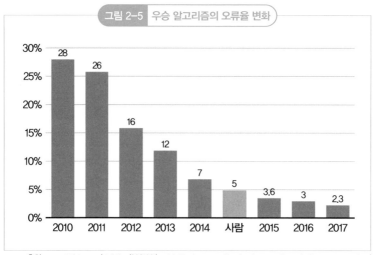

그림 2-5 우승 알고리즘의 오류율 변화

출처: www.statista.com/statistics/808190/worldwide-large-scale-visual-recognition-challenge-error-rates/

넷이 인식 오류율을 16%까지 낮추며 우승을 차지해서 많은 연구자에게 충격을 줬다. 인식 오류율이 약 26%였던 기존의 알고리즘으로는 1%p를 낮추기도 쉽지 않아서 한 번에 무려 10%p를 낮춘다는 것은 상상하기도 힘들었기 때문이다.

알렉스넷의 혁신적인 성공은 그 후 다양한 영역에서 딥러닝이 본격적으로 활용되는 계기가 된다. 알렉스넷을 개발한 슈퍼비전 팀은 '딥러닝의 대부'라 불리는 제프리 힌튼Geoffrey Hinton 교수와 그의 제자 일리아 서스키버, 알렉스 크리제프스키였다. 서스키버 박사는 후에 알파고 개발과 GPT-3 개발의 주역으로 활동한다.

2012년 이후에는 구조가 더욱 깊은 알고리즘이 속속 등장하면서 우승을 차지했는데 〈그림 2-5〉에서 볼 수 있듯이 2015년에는 사람의 정확도인 5%를 추월했고 2017년 우승한 알고리즘의 오류율은 2.3%로 크게 낮아졌다. 이후에는 아예 ILSVRC 대회의 이 부문 경쟁은 의미가 없어서 3차원 이미지 인식으로 바뀌게 된다.

딥러닝에 대한 관심을 폭발시킨 알렉스넷은 2012년 당시로는 매우 복잡한 무려 8개 층으로 이루어진 심층인공신경망이었으며, 모델 훈련에만 약 6일이 걸렸다고 한다. 현재는 약 10층 이상의 인공신경망을 딥러닝으로 부르기도 하지만 10층보다 훨씬 높은 층을 갖는 모델도 많다.

이런 복잡한 딥러닝 모델이 현재 전성기를 누리는 것은 접근 가능한 데이터의 폭증, 병렬 컴퓨팅 기술을 이용한 컴퓨터의 계산능력 그리고 효율적인 학습기법을 개발하려고 많은 연구자가 쏟은 고집스러운 헌신 덕분이라고 할 수 있다. 특히 이미지 인식과 음성과 텍스트를 분석하는 자연어 처리 분야에서 거둔 딥러닝의 눈부신 발전은 현재 개인화 추천, 자동 번역, 자율주행 자동차, 가상 비서, 사기 탐지, 감성 분석, 내용 요약 및 창작 등의 분야에서 광범위하게 활용되고 있다. 구글 최고 경영자 순다르 피차이Sundar Pichai는 "딥러닝은 전기나 불보다 더 심오하다"라고까지 말했다.

하지만 딥러닝의 이런 대단한 성과에도 딥러닝이 할 수 있는 것은 매우 제한적이라고 비판적으로 보는 견해도 많다. 딥러닝은 "단지 아주 명확하게 규정된 특정 작업만(예를 들면 단순 지각), 그것도 정답이 붙은 매우 많은 데이터가 있어야만 사람보다 잘할 뿐"이라고 비판한다. 특히 뉴욕대학교 심리학과 교수이자 인공지능 전문가인 게리 마커스^{Gary Marcus}는 딥러닝은 "많은 훈련 데이터가 필요하므로 탐욕적이고, 문제의 맥락이 달라지면 적용할 수 없으므로 불안정하며, 과정을 설명할 수 없으므로 불투명하고, 인지·기억·추론 등 실질적 지능이 없으므로 피상적이다"라고 비판했다.[*] 딥러닝에 대한 이런 상반된 견해는 인공지능이 어떤 미래를 초래할지, 즉 특이점에 대한 정반대 시각으로 나타나고 있다.

* www.newspeppermint.com/2019/02/26/shallow_deep_learning/

인공지능의 미래를 바라보는 상반된 시각

스티브 호킹은 "100년 이내에 새로운 행성에 식민지를 개척하지 못한다면 인류는 로봇에게 멸종될 것"이라고 경고했다.

특이점singularity, 더 정확히 말하면 기술적 특이점technical singularity은 미래에 기술의 급격한 변화로 인간의 일상생활이 이전으로 되돌아갈 수 없는 시점을 말하는데, 이 특이점을 넘어서는 순간부터 사람들의 힘으로는 기술을 이해하거나 따라잡지 못하게 된다. 쉽게 표현하면 인공지능이 사람과 유사한 또는 그 이상의 지능을 갖게 되면 인류는 로봇의 노예가 되거나 멸종한다는 말이다.

현재 인공지능은 이미 사회의 많은 영역에서 놀라운 성과를 내면서 사람들의 일상생활에 큰 영향을 미치고 있다. 그래서인지 많은 사람은 인공지능이 이렇게 발전하다가는 조만간 특이점의 순간이 올까 봐 염려한다. 심지어 웹의 폭발적 성장, 로봇 의족·의수, 1998년 이전에 컴퓨터가 체스 세계 챔피언을 이길 것, 자동 운전 자동차의 상용화 등을 예견한 것으로 유명한 미래학자 레이 커즈와일^{Ray Kuzweil}은 "인공지능의 특이점은 2045년"이라고 매우 구체적으로 예측했다.

과연 인공지능의 특이점이 언제 올까? 조만간 올 것이라는 시각과 절대로 오지 않을 테니까 걱정하지 말라는 정반대 예상이 대립하고 있다. 예를 들면 페이스북 설립자 마크 저커버그^{Mark Zuckerberg}와 테슬라 자동차 CEO 일론 머스크^{Elon Musk} 간에 벌어진 최근의 논쟁은 그런 대립을 극명하게 보여준다.

머스크는 트위터에서 "당신이 AI의 안전성에 관해 걱정하지 않는다면, 반드시 걱정해야만 할 것"이라며 "북한의 핵과 미사일 위협보다 AI가 엄청나게 더 위험하다"라고 말했다. AI를 선제적으로 규제하지 않으면 AI가 영화 〈터미네이터〉에서처럼 인류의 근본적인 생존과 미래를 크게 위협하게 될 거라는 평소 지론을 강조한 것이다.

이에 대해 저커버그는 인공지능을 부정적으로 생각하는 사람들에게 "아주 무책임하다"고 비난하면서 인공지능은 병 진단이나 자율 자동차 등 생명을 살리는 서비스에 잘 활용될 수 있다고 반박했다. 그러자 머스크는 "저커버그의 인공지능에 대한 지식은 제한적이다"라고 다시 반박했다(저커버그가 인공지능을 잘 몰라서 하는 말이라는 의미).[*]

유명한 물리학자 스티븐 호킹^{Stephen Hawking}도 인공지능에 매우 비관

---

[*] www.bizn.donga.com/dongaTop/Main/3/all/20170815/85833108/1

적이었다. 그는 지금까지 개발된 인공지능이 유용한 것은 맞지만 결국 인간보다 지능이 높은 강한 인공지능이 출현할 수밖에 없으므로 인공지능은 인류 문명사에서 최악의 사건이라고 확언했다. 심지어 호킹 박사는 "앞으로 100년 이내에 새로운 행성에 식민지를 개척하지 못한다면 인류는 로봇에게 멸종될 것"이라고 경고하기도 했다.

이런 대립과 논쟁은 이제 막 가열되기 시작했으니 앞으로도 한동안 계속될 것이다. 인공지능이 인류에게 큰 재앙이 될 거라고 우려하는 사람들은 공통적으로 '인간과 유사하거나 더 수준 높은 지능을 갖춘 강한 인공지능'이 조만간 출현할 거라고 확신하기 때문이다. 하지만 이런 시각과 정반대로 '강한 인공지능'은 결코 등장할 수 없다고 믿는 전문가도 많다. 이들은 '인공지능은 특정 과업을 잘 수행하는 똑똑한 하인'과 같기 때문에 크게 우려할 필요 없이 잘만 부려 먹는다면 사람들의 생활에 편리할 거라고 생각하는데, 이런 관점의 바탕에는 모라벡의 역설이 자리하고 있다.

로봇공학자이자 카네기멜론대학교 교수인 한스 모라벡Hans Moravec은 "지능 검사나 체커 같은 보드게임에서 어른 수준의 성능을 발휘하는 컴퓨터를 만들기는 상대적으로 쉬운 일이지만, 지각과 동작에 관련해서는 한 살짜리 아기만 한 능력을 갖춘 컴퓨터를 만드는 일은 어렵거나 불가능하다"라고 말했다. 이를 풀어서 얘기하면 지능 검사나 체스처럼 사람에게 어려운 것은 로봇에게 쉽고, 지각이나 움직임같이 사람에게 쉬운 것은 로봇이 구현하기가 불가능하다는 말이다.

같은 맥락에서 인지심리학자인 하버드대학교 교수 스티븐 핑커

Steven Pinker는 "지난 35년간의 인공지능 연구가 주는 가장 큰 교훈은 어려운 문제는 쉽고 쉬운 문제는 어렵다는 것이다"라고 말했다. 이를 역시 풀어서 설명하면 인간의 능력 중 인공지능으로 구현하기가 매우 어렵다고 생각한 문제들은(예를 들면 바둑에서 최선의 수를 찾는 것과 같은 매우 복잡하고 어려운 계산) 알고 보니 쉽고(그래서 결국 알파고를 개발했고), 인공지능으로 구현하기 쉽다고 생각한 문제들은(예를 들면 생각하거나 움직이거나) 알고 보니 매우 어려워 그런 능력을 갖춘 인공지능은 만들기가 어렵다는 말이다. 따라서 인공지능 바둑 프로그램인 알파고는 만들었지만 강한 인공지능을 개발하기 위해 필수적인 의식이나 동작 측면에서 한 살짜리 능력을 갖춘 인공지능을 만들기는 불가능하다는 것이다.

"지각과 동작과 관련해서는 한 살짜리 아기만 한 능력을 갖춘 컴퓨터를 만드는 일은 불가능하다"라는 주장에서 우선 동작에 관련된 사례를 들어보자. 휴머노이드humanoid는 인간의 형태를 본뜬 로봇을 말한다. 〈그림 2-6〉은 휴머노이드의 모습이 현재까지 어떤 형태로 변화해 왔는지를 보여준다.

이 그림에서는 모든 휴머노이드가 반드시 보여주는 한 가지 특징이 눈에 두드러진다. 그것은 바로 무릎이 언제나 굽은 자세라는 것이다. 걸음을 걷는 휴머노이드는 직립할 수 없다. 정확히는 무릎이 곧바로 선 로봇을 만들 수는 있지만 그 로봇이 걷도록 만들 수는 없는 것이다. 한 살 전후 어린아이는 바로 서고 걸음마를 배우면서 걷지만 로봇에게 그런 자연스러운 동작을 어떻게 구현해야 하는지 전혀 알 수

그림 2-6 휴머노이드의 역사

출처: www.cartype.com/pages/3931/honda_history_of_the_humanoids

없다. 그래서 직립 로봇을 만들면 할 수 없이 발바닥에 바퀴를 달아서 바퀴로 움직이게 한다. 아니면 아예 처음부터 다리가 없는 휴머노이드를 만들기도 한다. 예를 들면 소피아Sophia는 홍콩에 본사를 둔 핸슨 로보틱스가 개발한 인간형 휴머노이드 로봇으로, 사람들과 실시간 대화가 가능하고 62개 감정을 얼굴로 표현할 수 있다. 하지만 처음부터 이동 능력은 아예 포기해서 다리는 없이 상체만 있는 로봇이다.

로봇이 잘 동작하게 하기가 힘들다는 주장을 반박하는 사람들은 두 다리로 걷고(물론 무릎은 굽힌 상태로) 심지어 공중돌기까지 하는 아틀라스를 사례로 든다. 미국의 로봇 제조사 보스턴 다이내믹스가 개발한 휴머노이드 로봇 아틀라스는 통나무를 가볍게 뛰어넘고 자연스러운 동작으로 점프해 단상에 올라서고 완벽하게 뒤로 공중제비를 돌아 안정적으로 착지할 수 있다.[*] 하지만 로봇이 인간의 동작을 구

그림 2-7 아틀라스가 넘어지는 장면

출처: www.youtube.com/watch?v=rVlhMGQgDkY

현하기가 불가능하다는 모라벡의 역설은 〈그림 2-7〉과 같이 뒤에서 아틀라스를 밀어서 넘어뜨리는 동영상으로 설명할 수 있다.

이 동영상에서 보면 뒤에서 갑자기 밀쳐진 아틀라스는 앞으로 넘어지지만 곧바로 일어난다. 아틀라스 제작자는 이 로봇이 이렇게 잘 일어나

그림 2-7 관련
유튜브 영상

는 것을 보여주었다고 생각하겠지만 진짜 문제는 아틀라스가 어떻게 넘어지느냐에 있다. 〈그림 2-7〉의 오른쪽 그림에서처럼 아틀라스는 넘어질 때마다 머리를 바닥에 찧듯이 부딪친다. 넘어질 때마다 머리가 깨지는 것이다.

실제로 한 살짜리 아이는 누가 뒤에서 밀어서 넘어진다고 하면 한

---

* www.youtube.com/watch?v=knoOXBLFQ–s

번도 배운 적이 없는데도 반사신경이 작동해 자연스럽게 손을 내밀어 바닥을 짚으면서 넘어져 충격을 완화하고 머리를 보호한다. 어른들이라면 역시 반사신경으로 몸을 비틀며 옆 무릎과 엉덩이, 어깨 등의 순서로 바닥에 부딪히면서 충격을 완화한다.

사람들의 동작은 대부분 스스로 의식하지 못하는 상태에서 반사신경이 작동해 자연스럽게 이루어진다. 사람들이 넘어질 때 순식간에 손으로 바닥을 짚지만 언제 어떻게 해서 앞으로 손을 내밀고 바닥을 짚는지는 모른다. 그렇기에 로봇공학자들도 언제 어떤 순간에 로봇에게 손을 내밀라고 가르쳐줄 수 없고, 결과적으로 그런 로봇은 만들 수 없는 것이다. 로봇 손을 억지로 내민다고 해도 관절의 충격완화 작용이 없어서 손이 부러질 것이다. 이처럼 사람들이 무의식적으로 실행하는 반사신경 같은 것을 인공지능으로 구현하기가 불가능한 이유는 무엇일까?

인간의 진화에 숨겨진 기술적 원리

인공지능은 인간이 하는 일상적인 행위를 하기는 매우 어렵지만
수학적 계산, 논리 분석 등은 쉽게 구현할 수 있다.

모라벡은 인공지능이 지각과 동작에 관해서는 한 살짜리도 따라가
지 못하는 것은 진화 때문이라고 설명한다. 인간의 진화는 수억 년에
걸쳐 진행되었지만 인간의 추상적 사고는 비교적 최근에 얻어진 능력
이라고 한다. 그래서 인간은 걷거나 보는 감각적인 일은 아주 잘하는
반면, 계산과 같은 추상적 사고를 하기는 어렵다는 것이다. 이를 좀
더 알아보자.

인간의 뇌는 아주 복잡한 진화 과정을 거쳤다. 10억 년 전 단순한
다세포 동물에서 5억 4,200만 년 전인 캄브리아기에 생물 대폭발(다
양한 동물화석이 갑작스럽게 출현한 지질학적 사건)이 일어나면서 동물끼
리 치열하게 경쟁하는 과정에서 다양한 감각기관(눈, 귀, 운동신경 등),

무기(철갑, 이, 발톱 등) 그리고 지능이 발달했다. 이 시기에 뇌는 어류, 파충류, 공룡, 포유류 등으로 진화하면서 필요에 따라 발달하다가 500만~1천만 년 전 인류 조상의 뇌로 진화했다.

사람들의 모든 기능은 긴 진화 과정을 거치며 자연선택*에 따라 생물학적으로 학습되고 실행된다. 진화 과정에서 생존에 유리한 기능이 보존·개선되고 최적화하므로 사람들의 오래된 기능은 그만큼 아주 오랜 기간 자연도태 과정을 거쳐 개선된 것이다. 사람들이 별로 애쓰지도 않고 무의식적으로 수행하는 기능은 대부분 첫 10억 년 동안의 아주 격렬한 경쟁과정에서 진화된 것이다. 따라서 사람들은 이런 오래된 기능을 무의식적으로 일상속에서 별다른 노력 없이 잘 수행할 수 있다.

수억 년의 진화를 거쳐 개발된 사람들의 기능을 몇 개만 예를 들면 얼굴을 인식하는 것, 공간에서 움직이는 것, 다른 사람들의 행위에서 동기를 파악하는 것, 날아오는 공을 받는 것, 목소리로 누구인지 알아내는 것, 목표를 세우는 것, 흥미 있는 것에 집중하는 것 등이 있다. 이는 대부분 지각, 움직임, 사회적 관계 등과 관련된 기능이다. 이런 기능은 오랜 기간 진화하는 과정에서 최적화했으므로 로봇공학자들이 그 기술적 원리를 전혀 알아낼 수 없다. 따라서 이런 기능을 구현하는 인공지능을 만들기가 불가능하다.

＊ 자연선택(natural selection)은 자연도태(自然淘汰)라고도 하며, 특수한 환경에서 생존에 적합한 형질을 지닌 개체군이 그 환경에서 생존에 부적합한 형질을 지닌 개체군에 비해 '생존'과 '번식'에서 이익을 본다는 이론이다.

반면 사람들의 추상적 사고는 최근(기껏해야 수천 년) 개발되었으므로 사람들이 열심히 노력해야 할 수 있는 기능이며, 특히 그 기술적 원리는 이미 잘 알려져 있다. 따라서 추상적 사고 기능은 그만큼 인공지능으로 구현하기가 쉬울 수밖에 없다. 최근 획득된 사람들의 기능을 몇 개만 예를 들면 수학, 공학, 게임, 법, 의학, 금융, 행정, 논리적·과학적 사고, 깡통 따기 등이 있다. 이런 것은 아직은 사람들의 몸과 두뇌에 잘 맞도록 진화된 기능이 아니라서 사람들은 잘하지 못하지만 오히려 인공지능은 눈부신 성능을 자랑한다.

요약하면 인간은 수억 년에 걸친 점진적 진화 덕분에 걷기, 느끼기, 듣기, 보기, 의사소통 등 일상적 행위는 아주 쉽게 할 수 있다. 반면 비교적 최근에 얻은 계산과 같은 추상적 사고를 하려면 많은 시간과 에너지를 소비해야 한다. 인공지능은 인간이 하는 일상적 행위를 수행하기는 매우 어렵지만 수학적 계산, 논리 분석 등은 이제 쉽게 구현할 수 있다. 사람들에게는 너무나 어려운 천문학적 단위의 수를 계산하거나 복잡한 수식을 푸는 일을 인공지능은 아주 쉽게 할 수 있다. 그렇기에 사람들이 무의식적으로 쉽게 하는 듣고, 느끼고, 인식하는 모든 일상의 행위도 인공지능은 더 쉽게 할 거라고 생각했지만 실제로는 컴퓨터에 도무지 가르칠 방법이 없다는 사실을 깨달은 것이다. 결국 인간의 기능이 진화 과정에서 개발되는 데 걸린 기간이 길면 길수록 인공지능이 그 기능을 구현하기가 매우 어렵거나 불가능하다.

지금까지 인공지능의 미래를 보는 상반된 시각, 즉 특이점이 곧 올 테니 선제적으로 대응해야 한다는 시각과 인공지능은 약간 똑똑한 하인이므로 잘 사용하면 우리 삶이 편리해진다는 시각을 설명했다. 필자는 영화에 많이 등장하는 인간 수준의 강한 인공지능이 현실적으로 실현될 가능성은 없다고 본다.

모든 사람이 누구나 지닌 지능이란 무엇일까? 지능의 실체는 너무 다양해서 제대로 정의하기 어렵고, 그 기술적 원리도 알지 못한다. 따라서 사람의 지능은 인공적으로 만들 수도 없다. 우리가 알지도 못하고 파악하지도 못하는 것을 우리가 만들어낼 수는 없기 때문이다.

의학이나 과학 등이 매우 발달한 지금도 우리가 인간 자체에 대해 아는 부분은 아주 제한적이다. 그렇기에 인간의 자의식, 섬세한 감정, 열정, 반사신경 등 수많은 요소를 흉내 내는 건 불가능하다. 영화는 허구이니까 영화로 즐기면 되지 현실에서 일어날까봐 걱정할 필요는 없는 것이다.

알파고를 보라! 세계 최고 수준을 훌쩍 넘어선 바둑을 두지만 정작 자신이 바둑을 두는 줄도 모른다. 아니, 자기 자신이란 것도 아예 없는 소프트웨어일 뿐이다. 바둑돌을 집어서 바둑판 위의 원하는 지점에 놓을 줄도 몰라서 딥마인드 연구원 아자 황^{Aja Huang}이 대신 돌을 집어 바둑판 위에 놓는다. 알파고에 이런 동작(작은 바둑돌을 집어서 원하는 바둑판 위치에 놓는 것)을 할 수 있는 로봇 손을 만들어주는 것은 엄청난 비용과 시간을 투자한다고 해도 거의 불가능한 일이라고 생각한다.

인공지능의 미래에 대한 정반대 시각은 인공지능 등장 가능성에 대한 사람들의 강한 정반대 믿음을 의미한다. 그러므로 과연 어느 시각이 맞는지 따질 수 없다. 왜냐하면 사람들의 믿음은 누가 옳고 누가 그른지 따질 수 없는 영역이며* 서로 믿음이 다른 것뿐이기 때문이다.

중요한 것은 인공지능이 현재 어디까지 왔고, 과연 무엇을 할 수 있는지 잘 인식하는 것이다. 오늘날 이미 약한 인공지능은 검색엔진, 인터넷 쇼핑몰, 광고, 물류, 미디어 등 많은 영역에서 혁신을 주도하며 거의 모든 산업은 물론 일상생활에서까지 유용하게 활용되고 있다. 이미 약한 인공지능은 우리 삶을 윤택하게 하는 보조 도구로 없어서는 안 될 중요한 역할을 한다. 그래서 미래학자 케빈 켈리Kevin Kelly는 '앞으로 로봇과 얼마나 잘 협력하느냐에 따라 연봉이 달라질 것'이라고까지 말했다.

이제 우리는 약한 인공지능이라는 도구를 유용하게 그리고 현명하게 활용할 줄 알아야 한다. 그러려면 약한 인공지능이 무엇을 할 수 있고, 무엇을 할 수 없는지 제대로 이해해야 한다. 현재 인공지능은 과연 무엇을 할 수 있을까?

---

* 예를 들면 신이 있다고 주장하는 사람들은 신이 있다고 믿는 사람들이고, 신이 없다고 주장하는 사람들은 신이 없다고 믿는 사람들이다. 누가 맞고 누가 틀렸는지가 아니라 서로 믿음이 다른 것뿐이다.

인공지능이 잘하는 것, 지도학습

최근 발전한 인공지능의 거의 모든 것은 지도학습,
즉 A를 입력해서 B를 출력하는 한 가지 형태를 따랐다.

스탠퍼드대학교 교수 앤드루 응Andrew Ng은 딥러닝의 대가 중 한 사람이다. 그는 스탠퍼드대학교 인공지능연구소 소장을 지냈으며, 구글에서 브레인연구팀Brain Research Team을 만들었고, 바이두Baidu에서는 인공지능 전문가 1,200명을 이끄는 인공지능 센터장을 맡았다. 앤드루 응은 인공지능이 할 수 있는 것에 대해 이렇게 말했다.[**]

놀랍게도 인공지능이 가져온 충격의 크기breadth에도 불구하고 전개되고 있는 발

＊＊ Andrew Ng, "What Artificial Intelligence Can and Can't Do Right Now," *Harvard Business Review*, Nov. 9, 2016, 2쪽.

전 형태는 여전히 극히 제한적이다. 최근 발전한 인공지능의 거의 모든 것은 어떤 입력 데이터(A)를 활용해서 어떤 간단한 출력(B)을 빠르게 만들어내는 것 한 가지 형태를 따랐다.

인공지능이 이미 거의 모든 영역에서 변혁을 주도하지만 앤드루 응이 지적했듯이 거의 모든 혁신의 형태는 A를 입력해서 B를 출력하는 한 가지 형태다. A를 입력해서 출력 B를 만들어내려면 기계학습을 활용해야 한다. 우리는 컴퓨터가 사전에 명시적으로 프로그램된 명령어에 따라 작동한다는 사실을 안다.

하지만 어떤 문제는 수작업으로 명령어를 사전에 프로그램하기가 불가능하다. 예를 들어 항공기는 운항 중 엔진에 장착된 수백 개 센서로 진동, 압력, 온도, 속도 등의 데이터를 위성을 통해 전송한다. 데이터 센터에서는 이 데이터를 실시간 분석해 연료 효율과 엔진 결함 등 이상을 탐지한다. 이런 경우에는 변수의 수와 변수 간의 복잡한 상호 관계로 명시적으로 사전에 결함을 탐지하는 프로그램을 작성하는 것이 거의 불가능하다. 그래서 기계학습을 활용할 수밖에 없는 것이다. 현실에서는 스팸 제거, 상품 추천, 글자 인식, 이미지 인식, 클릭기록 분석, 의료기록 분석, DNA 분석, 자율운행(차, 헬기) 등 많은 문제가 이런 경우에 해당한다.

기계학습 기법 중에서 A를 입력해 B를 출력하는 기법은 지도학습이다. 이를 간단한 예로 설명해보자. 〈그림 2-8〉은 어떤 비행기의 엔진 고장과 관련한 데이터를 시각적으로 나타낸 것이다.

X_1과 X_2는 엔진 속의 센서 데이터를 나타내고, O는 엔진이 정상이

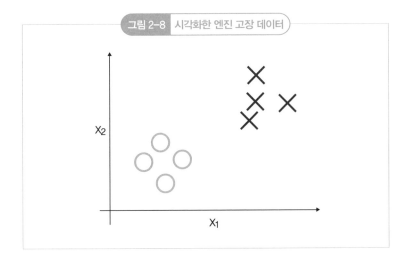

그림 2-8 시각화한 엔진 고장 데이터

었던 경우이고 X는 고장이 났던 경우다. 기계학습은 센서 데이터 X_1과 X_2를 활용해 엔진의 고장 여부(O와 X)를 잘 구분해내는 모델(함수)을 찾아내는 것이다.

물론 A와 B 모두에 대한 많은 사례, 구체적으로는 최소한 수만 건 이상의 센서 데이터(X_1과 X_2)와 각각의 경우에 대한 엔진의 고장 여부(O와 X) 데이터가 있어야 한다. 이미 데이터에 알려진 고장 여부((O와 X)의 결과(정답)를 활용하므로(지도받으므로) 지도학습이라고 한다. 이렇게 해서 좋은 모델을 개발하면 다음에 새로운 상황이 주어질 때, 즉 새로운 엔진의 센서 데이터 X_1과 X_2가 주어지면 이 학습된 모델을 활용해 과연 엔진 결함이 생길지 확률로 예측한다.

앤드루 응은 지도학습을 간단히 이해할 수 있게 대표적 사례를 〈표 2-1〉과 같이 제시했다.

표 2-1 기계학습이 할 수 있는 것

입력 A	출력 B	적용
대출 신청	대출을 상환할 것인가? (0 또는 1)	대출 승인
사진	사람 얼굴이 있나? (0 또는 1)	사진 태깅(tagging)
광고 + 사용자 정보	사용자가 광고를 클릭할 것인가? (0 또는 1)	온라인 광고 타깃팅
오디오 클립	오디오 클립을 글로 옮긴 것	음성 인식
영어 문장	프랑스어 문장	언어 번역
하드 디스크, 비행기 엔진 등의 센서 데이터	고장이 날 것인가?	예방 정비
차량 카메라와 그 외 센서 데이터	다른 차량의 위치	자율주행차

현재 A→B 시스템은 거의 모든 산업에서 빠르게 확산하며 개선되고 있는데, 앤드루 응은 A→B 시스템의 파괴력이 더욱 커져 앞으로 단순한 정신적 과제는 아마도 자동화될 것이라고 예측했다.*

보통 사람이 1초 이내의 생각으로 할 수 있는 정신적 과제를 우리는 지금 또는 가까운 미래에 인공지능을 사용해 아마도 자동화할 것이다. 현재는 사람이 수행하는 많은 가치 있는 작업, 즉 수상한 행동을 탐지하려 보안 비디오를 검사하고, 차가

---

* Andrew Ng, 앞의 글, 4쪽.

행인을 칠지 판단하고, 모욕적인 온라인 게시물을 찾아내 제거하는 작업이 1초 이내에 수행될 수 있다. 이런 작업은 자동화에 아주 적합하다.

A→B 시스템은 A→B 관계를 파악하려면 엄청난 양의 데이터가 필요하다는 약점이 있다. 지도학습을 위해 A와 B 모두에 대한 많은 사례를 제공해야 하기 때문이다. 예를 들어, 대출 승인을 하는 소프트웨어를 만들려면 수만 건에서 수십만 건의 대출 신청(A)과 각각의 대출이 상환되었는지를 알려주는 라벨(B)이 필요하다. 사진 태깅을 하는 인공지능도 사진(A) 수만 장에서 수십만 장과 그 사진에 사람이 있는지를 알려주는 라벨(B)이 있어야 가능하다. 마찬가지로 음성인식 시스템을 만들려면 오디오(A) 수만 시간과 함께 그 오디오를 글로 옮긴 것(B)이 필요하다.

인공지능 연구자 사이에는 아이디어와 심지어 오픈소스 코드까지 발표하고 공유하므로 다른 사람들의 소프트웨어를 1~2년 안에 거의 유사하게 복사하는 일이 가능하다. 예를 들면 알파고가 등장한 후 일본에서는 딥젠고, 중국에서는 쥐이 등 성능이 유사한 인공지능 바둑 프로그램이 1년 안에 등장했다. 하지만 관련된 막대한 양의 데이터를 얻거나 다른 누군가의 데이터에 접근하기는 매우 어렵다. 또한 이런 프로그램을 가져다 특정한 목적에 맞도록 고쳐서 쓸 수 있는 분석 전문 인력도 필요하다. 인공지능 시대에는 데이터와 분석 전문 인력이 많은 사업에서 자산이자 진입장벽이 되고 있다.

요약하면 현재 다양한 영역에서 눈부신 성과를 내는 기계학습은 바로 지도학습이다. 대부분 기계학습 기법은 지도학습으로, 데이터에서 패턴을 찾기 위해 많은 정답이 붙은 데이터가 필요하다. 또한 패턴을 찾으려면(예를 들면 고양이와 개가 얼마나 다른지를 계산하려면) 엄청난 계산을 빠르게 해야 하므로 고성능 컴퓨팅 파워도 필요하다. 약한 인공지능은 엄청난 양의 다양한 데이터가 폭증하고 클라우드와 오픈 소스 소프트웨어가 쉽게 접근 가능한 빅데이터 시대에 이르러 그야말로 찰떡궁합으로 높은 성과를 내는 것이다.

빅데이터 시대를 한마디로 표현하면 바로 데이터 기반의 의사결정(data-driven decision making)이다. 구글, 아마존, 넷플릭스의 공통점은 무엇일까? 이들 기업은 데이터 분석을 바탕으로 글로벌 수준에서 최고 경쟁력을 구가한다는 점이다. 구글은 "모든 의사결정, 특히 서비스와 제품에 관한 의사결정은 데이터 없이는 결코 하지 않는다"라는 모토로 유명하다.

3장

데이터 기반의 의사결정

아는 것은 언제나
큰 힘이 된다

미지의 바다에서 어려움을 겪는 기업이 되느냐,
세계적으로 성공한 기업이 되느냐는 데이터와 정보의 활용 여부에 달렸다.

'아는 것이 힘이다'라는 격언은 16세기에 영국 철학자 프랜시스 베이컨Francis Bacon이 한 말이다. 아주 오래전에 한 말인데 지금도 우리에게 친숙한 것은 그만큼 그 말이 진실이기 때문이다. 빅데이터가 의미가 있는 것은 바로 '아는 것이 힘'이기 때문이다. 빅데이터는 고객과 시장에 대한 풍부한 정보를 담고 있는 보물이므로 이를 의사결정에 잘 활용하면 엄청난 힘(경쟁력)을 갖게 된다.

이런 맥락에서 빅데이터 시대를 한마디로 표현하면 데이터를 기반으로 의사결정data-driven decision making을 하는 시대다. 데이터를 바탕으로 의사결정한다는 말은 무슨 뜻일까? 데이터를 의사결정에 어떻게 활용하느냐는 〈그림 3-1〉과 같이 나눠볼 수 있다.

그림 3-1 의사결정에서의 데이터 활용

데이터 거부	데이터 무관심	데이터 편식	데이터 기반
데이터를 불신해 사용을 회피	데이터에 무관심해 활용 의사가 없음	자신의 의사결정을 지지하는 경우에만 데이터를 활용	데이터를 모든 의사결정의 근거로 적극적 활용

첫 번째는 데이터 거부로, 데이터를 불신해서 사용하지 않는 것이다. 두 번째는 데이터에 관심도 두지 않고 따라서 활용도 하지 않는 것이다. 세 번째는 데이터 편식으로, 자기 의사결정을 데이터가 지지하는 경우에만 데이터를 활용하는 것이다. 마지막으로 데이터 기반 의사결정은 모든 의사결정의 근거로 데이터를 적극적으로 활용하는 것이다.

그렇다면 구글, 아마존, 넷플릭스의 공통점은 무엇일까? 이들 기업은 데이터 분석을 바탕으로 글로벌 수준에서 최고 경쟁력을 갖추었다는 점이다. 구글은 "모든 의사결정, 특히 서비스와 제품에 관한 의사결정은 데이터 없이는 결코 하지 않는다"라는 모토로 유명하다. 아마존 CEO 제프 베조스^{Jeff Bezos}는 "미지의 바다에서 어려움을 겪는 기업이 되느냐 아니면 세계적으로 성공한 기업이 되느냐는 데이터와 정보의 활용 여부에 달렸다. 이 세상의 미래 주인은 분석에 뛰어난 기업들, 즉 사물이 관련되어 있다는 것을 알 뿐만 아니라 왜 그리고 어떻게 관련되어 있는지 아는 기업들이다"라고 설파했다. 넷플릭스 CEO 리드 헤이스팅스^{Reed Hastings Jr.}는 "우리는 과거보다 넓은 영역에서 합리적이고 계량 분석적이며 데이터에 더 의존한다. 기업, 정부, 사회는 믿음에 근거한 방식에서 데이터에 기반한 의사결정으로 바뀌고 있다. 당신 기업은 이런 근본적 전환에 대해 준비가 되어 있는가?"라는 물음을 던졌다. 그렇다면 데이터에 기반한 의사결정은 무엇이고 거기에서 인공지능의 역할은 무엇일까?

일반적으로 의사결정은 문제점을 인식해 해결할 방법을 모색한 뒤, 이를 평가해 최선의 대안을 선택하는 과정을 거친다. 의사결정자가 대안을 평가할 때는 계량적 정보와 비계량적 정보를 모두 고려한다. 비계량적 정보는 문화적·사회적 배경이나 법적·정치적 요소 등의 영향을 고려하는 것이다. 계량적 정보는 문제와 관련된 데이터 분석에서 추출한 정보를 말한다. 어느 정보가 더 중요한지는 의사결정 상황에 따라 다를 수 있지만 투명하고 합리적으로 의사결정을 하려면 계량적 정보가 더욱 중요하다. 특히 미래의 불확실성이 높고 의사결정이 초래하는 파급효과가 클수록 실제 데이터 분석에서 통찰력을 추출해 이를 의사결정에 잘 활용하는 것이 필수적이다.

의사결정을 현명하게 할 때 계량적 정보가 필요하다면 구체적으로 무엇에 관한 정보가 필요한가? 그것은 〈그림 3-2〉와 같이 사업에 관한 여섯 가지 근본 질문에 답을 주는 정보다.*

데이터 분석이 아니라 경험이나 감에 의존하는 기업은 주로 단순

---

* 이 여섯 가지 근본 질문은 매출, 순이익 등 기업 전체 수준에서 할 수도 있고, 기업 내에서 기능별이나 부문별로 할 수도 있으며, 의사결정 상황에 따라서는 매우 국지적인 영역에 초점을 맞출 수도 있다.

그림 3-2 사업에 관한 여섯 가지 근본 질문

데이터 ➡	무슨 일이 일어났는가?	무슨 일이 일어나고 있는가?	무슨 일이 일어날 것인가?	➡ 계량적 정보
	어떻게, 왜 일어났는가?	최선의 대응은?	최선의 상황을 유도하는 조치는?	

리포팅 수준의 보고에서 과거에 무슨 일이 일어났는지 파악한다. 현재 무슨 일이 벌어지고 있는지 그리고 미래에 무슨 일이 일어날지는 감이나 경험을 바탕으로 추측한다. 정교한 분석기법을 활용하지 않으므로 무슨 일이 왜, 어떻게 일어났고 최선으로 대응하려면 어떻게 해야 하는지 답을 구할 수 없다. 따라서 이런 방식으로 의사결정을 한다면 현명한 의사결정이 될 확률이 크게 낮아진다.

현명한 의사결정을 하려면 어떻게 해야 할까? 불교의 8정도八正道에 따르면 혜慧, 즉 지혜롭다는 것은 정견正見과 정사유正思惟를 의미한다.

그림 3-3 인공지능의 역할

데이터 ➡	무슨 일이 일어났는가? (데이터 탐구)	무슨 일이 일어나고 있는가? (이상 탐지)	무슨 일이 일어날 것인가? (예측)	➡ 통찰력
	어떻게, 왜 일어났는가(패턴)? (인공지능/모델링)	최선의 대응은? (실시간 대응)	최선의 상황을 유도하는 조치는? (개인화 추천/최적화)	

즉 문제를 제대로 인식하고正見, 그것이 왜 어떻게 일어나는지를 제대로 판단할 수 있어야正思惟 현명한 의사결정을 할 수 있는 것이다. 데이터 분석에 근거해 경쟁하는 기업들은 〈그림 3-3〉과 같이 여섯 가지 질문 중 가장 근본적 질문인 어떤 일이 왜, 어떻게 일어났는지 정교한 분석기법(인공지능)을 활용해 답을 구한 다음 이상탐지와 예측에 활용한다.

이런 심층적 데이터 분석은 단순한 보고 수준의 정보를 훨씬 넘어서 의사결정을 현명하게 하기 위한 깊은 지혜 또는 통찰력insight를 제공한다. 여기서 가장 중요한 것은 과거 데이터를 바탕으로 어떤 일이 발생하는 패턴을 파악하는 것이다. 여기에 인공지능의 핵심인 통계 또는 기계학습 모델이 활용된다. 이 과정에서 찾아낸 최적 모델은 현

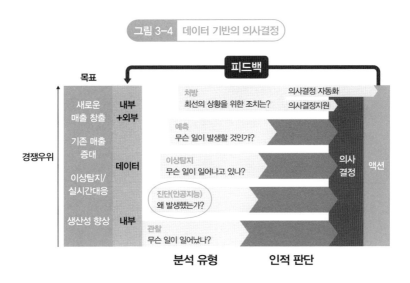

그림 3-4 데이터 기반의 의사결정

재 무슨 일이 벌어지고 있는지, 즉 이상징후를 미리 탐지해서 즉각 실시간으로 대응하는 데 사용한다. 또한 최적 모델로 미래 상황을 예측해 자신이 원하는 최선의 상황을 유도하려고 필요한 조치(개인화 추천, 최적화)를 한다. 이 과정을 그림으로 나타나면 〈그림 3-4〉와 같다.

이 그림에서 볼 수 있듯이 인공지능으로 데이터 속 패턴(어떤 일이 왜 발생했는가?)을 찾아내면 이 모델을 실시간 이상탐지와 예측에 활용할 수 있고, 나아가 최선의 상황이 일어나도록 처방적 의사결정을 할 수 있다. 이렇게 데이터 분석의 활용 수준이 높아질수록 기업의 경쟁우위도 더 높아지게 된다.

윌 스미스와
나이팅게일의 공통점

많은 경우에는 군이 복잡한 기계학습 모델을 사용할 필요도 없이 수집된 데이터를
잘 정리한 결과만으로도 인사이트를 쉽게 찾아내 문제해결에 활용할 수 있다.

　빅데이터 분석은 일반적으로 자료의 수집·처리·분석이 매우 복잡
하다. 그러나 빅데이터에서 중요한 것은 '빅'도 아니고 '데이터'도 아니
며 데이터에서 인사이트를 추출해 의사결정에 활용하고자 노력하는
것이다. 그리고 많은 경우에는 군이 복잡한 기계학습 모델을 사용할
필요도 없이 수집된 데이터를 잘 정리한 결과만으로도 인사이트를 쉽
게 찾아내 문제해결에 활용할 수 있다. 간단한 사례를 들어보자.

　영화배우 윌 스미스는 래퍼로 시작해 텔레비전 탤런트를 거쳐 지
금은 영화계를 주름잡는 최고 스타로 활약하고 있다. 2009년 경제
전문지 〈포브스〉는 전 세계 영화전문가를 대상으로 할리우드 배우
1,400여 명의 흥행성star currency을 조사했다. 투자 매력도, 박스 오피스

성공 가능성, 매스컴 화제성 등 다양한 속성을 평가한 결과 만점(10점)을 받은 유일한 배우가 윌 스미스였다. 우리가 잘 아는 최고 스타들인 조니 뎁, 리어나도 디캐프리오, 앤젤리나 졸리, 브래드 피트가 9.89점으로 공동 2위를 차지했으며 톰 행크스, 조지 클루니, 덴젤 워싱턴, 맷 데이먼, 잭 니콜슨 등은 20위권에 랭크되었다. 사실 윌 스미스는 영화에 본격적으로 데뷔할 때부터 엄청난 성공을 거두었다. 어떻게 해서 그는 영화를 시작할 때부터 최고의 성공가도를 달릴 수 있었을까? 윌 스미스는 데이터를 수집해 간단히 정리함으로써 매우 성공적인 성과를 낼 수 있는 방향을 찾았다.

1980년 중반 프레시 프린스The Fresh Prince라는 이름으로 래퍼를 시작한 윌 스미스는 1990년 NBC에서 자기 이름을 딴 시트콤The Fresh Prince of Bel-Air에 출연해 큰 성공을 거두었다. 1996년 본격적으로 영화에 진출하려고 마음먹은 윌 스미스가 처음 한 일은 흥행에 성공한 영화의 데이터를 분석해 성공 패턴을 찾으려고 한 것이다. 그는 최근 10년 동안 박스 오피스에서 최고 흥행을 거둔 영화 10편을 고른 다음 영화 내용을 구체적으로 분석했다. 분석이란 데이터를 수집·정리해 그 속에 숨은 일관적 패턴을 찾은 것이다. 그가 찾아낸 흥행 성공의 패턴은 최고 흥행 영화 10편이 모두 특수효과를 썼고, 9편에는 외계생명체가 등장했으며, 8편에는 러브스토리가 있었다는 것이다.

이런 분석을 바탕으로 그가 선택해 출연한 영화는 〈인디펜던스 데이〉였고 그다음은 〈맨인블랙〉이었다. 두 영화 모두 외계인이 등장하고, 최고 수준의 특수효과로 꽉 차 있다. 이 두 영화는 전 세계적으로 관객을 무려 약 13억 명이나 끌어모았다. 이런 폭발적 성공은 그 후 계속 이어져 미국에서는 연속으로 8편이 1억 달러 이상 수익을 냈고, 국제적으로는 연속적으로 11편이 1억 5천만 달러 이상의 수익을 내면서 윌 스미스는 기네스북에도 올랐다. 지금까지 그가 출연한 영화 21편 중 관객을 1억 명 이상 모은 영화가 17편, 5억 명 이상이 관람한 영화는 5편이며, 동원한 총관객 수는 무려 66억 명에 달한다. 윌 스미스는 간단한 분석으로 잘 시작한 덕분에 이제는 액션, 코미디, 드라마 등 장르 관계없이 순전히 이름 하나로 많은 관객을 끌어들일 수 있는 최고 흥행 배우가 되었다.

플로렌스 나이팅게일Florence Nightingale의 사례를 보자. 나이팅게일은 1854년 크림전쟁Crimean War의 참상에 자극되어 자신이 직접 모집한 자원봉사자 38명과 함께 터키의 영국군 야전병원으로 갔다. 그곳에 도착한 나이팅게일은 끔찍한 상황에 깜짝 놀랐다. 야전병원의 많은 환자가 전장에서 입은 부상 때문이 아니라 야전병원에서 다른 질병에 감염되어 죽었기 때문이다. 나이팅게일이 도착한 1854년 겨울에는 병원에 입원한 환자의 사망률이 무려 43%에 달했다.

그는 이런 상황을 개선하고자 발 벗고 나섰다. 그 당시는 질병의 원인이 되는 세균이 발견되기 전이었고 또한 간호학이라는 전공은 시작도 되기 전이었으므로 나이팅게일이 참고할 자료는 하나도 없었다. 그는 질병이 병원의 더러운 위생시설, 각종 악취, 지저분한 환경 때문에 발생하는 것으로 판단해 병실을 깨끗이 청소했고, 뜨거운 물이 나오는 세탁실을 만들었다. 또한 이 문제를 해결하는 데 데이터 분석을 이용할 수 있다고 생각해 자료를 체계적으로 기록·수집했다. 당시 병원 관리는 형편없는 지경이어서 입원, 치료, 질병, 사망 원인 등이 제대로 기록되지 않았고 심지어 사망자 수조차 정확하게 기록되지 않았다.

나이팅게일은 자료를 체계적으로 정리하려고 세계 최초로 의무기록표를 만들어 입원 환자 진단(부상 내용), 치료 내용, 추가 질병 감염 여부, 치료 결과(퇴원 또는 사망 원인) 등을 매일 꼼꼼히 기록하고, 이를 월별로 종합해 사망자 수와 사망 원인을 기록했다.

나이팅게일은 이런 사실을 어떻게 하면 효과적으로 전달할지 고민했다. 당시 영국에서는 여자들이 학교에 가는 것이 금지되었다. 나이팅게일의 아버지는 딸에게 직접 약간의 교육을 했다. 나이팅게일은 수학을 좋아했으며, 특히 숫자와 정보를 표로 일목요연하게 요약하는 데 관심이 있었다. 하지만 숫자만으로 된 표는 흥미를 끌지 못해 사람들이 표에 들어 있는 정보를 놓치기 쉽다는 점을 잘 알았다. 나이팅게일은 사람들이 데이터가 알려주는 사실을 쉽게 이해하기를 원했으므로 비위생적인 환경 때문에 발생한 불필요한 죽음을 시각적으로 나타내는 〈그림 3-5〉를 고안했다.

이 독창적인 그림은 일종의 파이pie와 쐐기 형태 그림을 응용한 것이었다. 요즘이야 이런 그림이 대단한 것은 아니지만 약 163년 전인 당시에는 자료가 나타내는 사실을 시각적으로 극대화하는 신선하고도 놀라운 방법이었다. 나이팅게일은 이 그림에서 질병 원인별 사망률이 매달 어떻게 변화하는지 여러 색깔로 나타냈다. 그림에서 초록

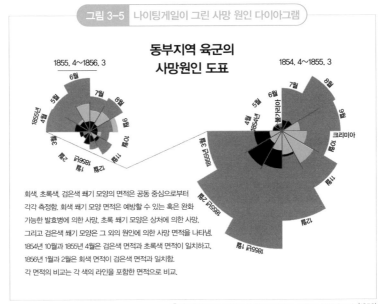

그림 3-5 | 나이팅게일이 그린 사망 원인 다이아그램

**동부지역 육군의
사망원인 도표**

1855. 4~1856. 3

1854. 4~1855. 3

회색, 초록색, 검은색 쐐기 모양의 면적은 공동 중심으로부터
각각 측정함. 회색 쐐기 모양 면적은 예방할 수 있는 혹은 완화
가능한 발효병에 의한 사망, 초록 쐐기 모양은 상처에 의한 사망,
그리고 검은색 쐐기 모양은 그 외의 원인에 의한 사망 면적을 나타냄.
1854년 10월과 1855년 4월은 검은색 면적과 초록색 면적이 일치하고,
1856년 1월과 2월은 회색 면적이 검은색 면적과 일치함.
각 면적의 비교는 각 색의 라인을 포함한 면적으로 비교.

출처: Modern reproduction of the image from Nightingale(1858)

색은 전장에서 입은 상처로 사망했음을 나타낸다. 회색은 전장에서
입은 상처가 아닌 병원 감염, 즉 예방이 가능했던 감염으로 인한 사망
이었다. 나이팅게일이 제시한 그림은 병원 감염을 예방하기 위한 위
생개혁의 중요성을 명백하게 입증했고, 논란의 여지가 없었다.

나이팅게일은 동부지역 육군의 사망과 관련된 그림을 편지와 함께
계속 영국으로 보냈고, 영국 신문은 이 그림이 명백하게 보여주는 충
격적 사실에 놀라 이를 대대적으로 보도했다. 사람들은 부상 군인들
이 병원에서 치료되기는커녕 오히려 병을 얻어 사망한다는 사실에 경
악했다. 사람들의 비난이 빗발치자 정부는 서둘러 특별조사단을 파견

했고 병원의 위생개혁을 서두르는 등 대책 마련에 부심했다.

이런 과정을 거쳐 나이팅게일이 도착한 지 6개월 만에 사망률은 급격하게 줄어들었고 나중에는 2% 정도로 떨어졌다. 2년 만에 전쟁이 끝나서 귀국했을 때 나이팅게일은 이미 유명인사가 되어 있었다.

나이팅게일은 이러한 명성을 바탕으로 세계 최초로 간호대학교를 설립해 현대 간호학의 기초를 세웠다. 나이팅게일은 어떤 문제에 대해 자료를 수집하고, 표와 그래프로 만들어 정리해 그 의미를 해석함으로써 문제를 해결할 수 있다는, 당시로는 획기적인 생각을 했다. 나이팅게일은 1858년 전통 깊은 영국통계학회의 최초 여성 회원이 되었는데, 이는 당시 영국에서 여성들은 학교에 갈 수 없었고 나이팅게일은 아버지가 직접 교육했다는 사실을 고려하면 매우 파격적인 대우였다. 유명한 통계학자 칼 피어슨Karl Pearson은 나이팅게일의 업적을 높이 사서 그가 응용통계학 발전에서 '예언자prophetess'였다고 칭송했다.

인사관리의 문제를
분석으로 해결한 구글

구글은 데이터의 측정과 활용이 상대적으로 어려웠던 인사관리 분야에서도
데이터에 근거해 직원 교육, 경력관리, 직원 채용 등의 문제를 해결했다.

데이터를 관찰하는 과정에서 어떤 일이, 언제, 어디서, 얼마나 발생
했는지를 파악하면 무엇이 문제인지 드러난다. 다음은 그 문제가 왜
발생했는지 규명하는(또는 발견하는) 진단 단계다. 진단은 데이터에서
일관적인 경향을 나타내는 패턴을 잘 파악해 문제를 발생시키는 원인
이나 상황을 찾아내는 것이다. 많은 변수가 복잡하게 작용하는 문제
는 왜 그런 일이 일어났는지 찾아내는 과정이 쉽지 않다. 이런 경우에
는 상대적으로 복잡한 통계 모델 또는 인공지능을 활용해 진단분석을
해야 한다.

그동안 데이터의 측정과 활용이 상대적으로 어려웠던 인사관리 분
야는 지금까지 대부분 의사결정이 직관과 감 또는 사람들 간의 관계

로 이루어져 왔다. 하지만 빅데이터 시대에 인사관리 역시 다양한 영역에서 데이터에 근거해 문제를 해결하고자 하는 노력이 활발해지고 있다. 이런 직원들의 성과가 왜 차이 나는지를 진단한 구글의 사례를 보자.

세계 최대 인터넷기업 구글은 현재 70여 개국에 지사를 두고 있고, 미국에서 일하는 직원만 약 5만 5천여 명에 달한다. 빅데이터를 다루는 대부분 핵심기술을 선도하는 구글은 그 명성에 맞게 모든 문제를 데이터 분석적으로 해결하고자 하는 조직문화를 자랑하며, 이는 인사관리 분야에서도 예외는 아니다. 구글은 1년에 두 번 직원들을 평가하는데, 구글은 이런 직원들 간에 성과 차이가 왜 나는지에 주목했다. 이런 원인을 규명한다면, 즉 성과에 영향을 미치는 개인적 특성을 파악한다면 교육, 임금체계 수립, 경력관리뿐만 아니라 직원 채용에도 효과적으로 활용할 수 있기 때문이다.

구글은 먼저 직원들의 경험과 인성에서 어떤 요소가 그들의 성과와 관련성이 높은지 알아내고자 했다. 그래서 구글에서 최소한 5개월 이상 근무한 모든 직원에게 300개 설문 문항에 응답하도록 했다.

이 설문 문항을 보면 많은 문항이 '사실'에 관한 것이다. 즉 '당신이 익숙한 프로그램 언어는? 당신이 등록한 인터넷 메일은? 급식사업, 개 산책, 가정교사 등과 같은 비기술적 부업으로 돈을 번 적이 있는가? 어떤 부문에서 (주, 국가 또는 세계) 기록을 수립한 적이 있는가? 비영리조직이나 클럽을 만든 적이 있는가?' 등의 문항이다. 일부 문항은 인성에 관한 것도 있으며(내성적인가 아니면 외향적인가? 혼자서 일하는 것을 좋아하는가 아니면 집단으로 일하는 것을 선호하는가?), 인사 부문의 전통적 분류에 넣을 수 없는 문항도 있다(어떤 애완동물을 기르는가? 동료들과 비교해서 자신이 컴퓨터에 처음 흥분했던 때 나이가 얼마나 빠른가 또는 느린가?).

이 문항에 대한 모든 직원의 응답은 그들의 고과 평정과 비교되었다. 구글의 고과 평정은 25개 영역으로 구분되었는데 상사평가, 동료평가 등 전통적인 척도 외에 조직시민행동organizational citizenship과 같이 독특한 영역도 있었다. 조직시민행동은 예를 들어 직무기술상으로는 자기 업무가 아니지만 구글이 더 나은 직장이 되는 데 기여한 행동, 예를 들면 구글 지원자 면접에 참여하는 것 등을 말한다. 구글은 이런 과정을 거쳐 수집한 200만 개 데이터를 분석해 엔지니어링, 세일즈, 재무, 인사 등 여러 영역에서 직원들의 성과와 관련이 높은 요소를 찾아냈다. 그리고 이런 결과는 직원교육, 경력관리, 직원 채용 등에 유용하게 활용되고 있는데 그중에서 직원 채용에 적용되는 사례를 보자.

어느 조직에서나 우수한 인재 채용의 중요성을 새삼 강조할 필요는 없다. 『좋은 기업을 넘어 위대한 기업으로Good to Great』의 저자 짐 콜린스Jim Collins는 "먼저 사람, 그다음이 해야 할 사업First who, then what"이라는 말로 인적자원의 중요성을 강조했다. 그러하기에 많은 기업은 자신들에게 적합한 인재를 채용하기 위해 매년 많은 시간과 비용을 투자해 공채시험을 진행한다. 구글은 최고 수준의 연봉과 자유롭고 수평적인 조직문화 등으로 '신의 직장'이라 불릴 정도다. 특히 놀이터 같은 일터, 안락한 사무실, 유기농 식단으로 구성된 질 좋은 세 끼 공짜 식사, 업무시간의 20%를 개인적으로 자유롭게 쓸 수 있는 '20% 룰', 3개월간 월급 전액을 주는 유급 출산휴가 등 구글의 직원복지는 상상을 초월한다. 구글은 경제월간지 〈포천Fortune〉이 선정한 '일하기 좋은 100대 기업'에 6년 연속 1위로 선정되었고, 전 세계 대학생이 뽑은 '가장 일하고 싶은 직장'에서도 1위를 차지했다.

구글의 채용 원칙은 처음부터 최고 인재를 뽑는 것이다. 평범한 사람을 뽑아 교육·훈련시간을 들여 인재로 키우는 것보다 훨씬 효율적이기 때문이다. 하지만 매년 구글에 입사하기 위해 이력서를 내는 사람은 200만 명이 넘고, 실제 구글에 들어가는 사람은 4천 명 정도에 불과하다. 그렇다면 구글은 이 많은 지원자 중 어떻게 구글에 맞는 인재를 고를까? 만약 우리나라 대기업처럼 공채시험을 치른다면 매우 번거로운 절차를 거쳐야 하겠지만 구글은 공채시험 없이 직원들의 성과 진단에서 개발한 통계 모델로 해결한다. 구글은 온라인으로만 지원받는다. 예전에는 구글도 이른바 스펙이라는 요소를 중요시했다.

예를 들어 구글은 지원 서류가 접수되면 먼저 학점 평균이 3.7 이하인 지원자는 아예 제외했다(광고나 마케팅 분야는 학점 평균 3.0 이상). 서류 전형을 통과해 면접 통보를 받은 지원자는 이후 2개월 동안 6~7회 반복 면접을 거친다. 하지만 구글은 학점과 면접이 지원자 능력을 평가하는 데 신뢰할 수 있는 요소가 아니라는 사실을 깨달았다. 기존 방식으로는 훌륭한 인재를 알아보지 못할 확률이 높았을 뿐만 아니라 급증하는 채용 수요에 맞추어 적기에 인재를 채용하는 데 어려움이 많았다.

구글은 수많은 지원자 중 구글에 맞는 인재를 찾는 효율적이고 자동적인 방식이 필요했는데 그것이 바로 직원들의 성과 차이를 규명하기 위해 개발한 통계모델을 활용하는 것이었다. 이 모델을 적용하면 지원자들의 미래잠재력, 즉 성과를 예측할 수 있다.

모델 적용은 매우 간단하다. 지원자가 온라인에서 구글 지원용 설문지에 응답하면 그 지원자가 구글의 조직문화에 맞는 인재인지 예측하는 점수가 0점에서 100점 사이로 계산되어 나온다. 구글은 이 점수를 바탕으로 면접 대상자를 쉽고 빠르게 선발한다.

일반 기업에서 구글이 하는 것들을 그대로 따라 하기는 쉽지 않다. 예를 들어 모든 회사가 업무시간의 20%를 개인적으로 자유롭게 쓰라든지, 3개월간 월급 전액의 출산휴가를 줄 수는 없다. 하지만 구글을 성공으로 이끄는 원리를 복제해 활용하는 일은 어느 기업이나 시도할 수 있다. 특히 직원들에 대한 정보와 그들의 업무 성과의 관계를 분석해 직원 교육이나 경력관리 그리고 직원 채용 등에 활용하는 방법은 다른 기업이나 조직에서도 얼마든지 응용할 수 있다.

분석으로 크게 도약한
카지노 재벌

위기를 맞아 고객 데이터에 눈을 돌린 해러스 카지노는
분석 지향 리더십을 바탕으로 세계 최대 카지노 그룹으로 승승장구한다.

사회의 거의 모든 영역에서 빅데이터가 주목받긴 하지만 빅데이터를 말할 때 카지노가 쉽게 떠오르지는 않는다. 그러나 빅데이터와 전혀 관련이 없어 보이는 화려한 카지노도 빅데이터가 승부를 갈랐다.

1990년대 초 라스베이거스의 카지노들은 치열한 경쟁을 벌였다. 경쟁의 초점은 호사스러운 호텔 시설과 매력적인 쇼에 투자해 고객을 끌어들이는 것이었다. 업계 강자인 시저스는 이미 수조 원을 들여 화려한 쇼 무대 등 시설에 투자했다.

하지만 투자자금이 부족했던 해러스는 시설 투자 대신 고객 데이터에 눈을 돌렸다. 지역별로 산재된 자사 카지노 시스템을 통합해서 전국적으로 고객에 대한 데이터베이스를 구축했다. 그러나 숙박과 카지노 이용에 대한 보상을 제공하는 해러스의 회원 프로그램은 회원을 지속적으로 해러스로 유치하는 데 별 효과가 없었다. 회원 중 65%가 다른 카지노에서 도박할 정도로 충성도가 매우 낮자 해러스는 경쟁에서 뒤처졌다. 위기감을 느낀 해러스는 1998년 하버드 경영대학교에서 서비스 경영을 가르치던 개리 러브맨 교수를 영입했다. 카지노 업계에서는 이론과 실제가 다른데 과연 학자 출신인 러브맨이 반전을 이룰지에는 회의적이었다. 그러나 그의 분석 지향 리더십 아래에서 해러스는 승승장구한 끝에 업계 라이벌 시저스를 아예 인수까지 하는 성공을 거두었다. 그가 성공한 요인은 무엇일까? 아마도 다음과 같은 몇 가지로 요약할 수 있을 것이다.

첫째, 회원들의 해러스에 대한 충성도를 높여 자주 해러스를 찾도록 하는 데 초점을 맞추었다. 충성도를 높이려면 고객들의 여행과 숙박 그리고 카지노 내 지출 등 모든 행동에 대한 데이터가 필요했다. 러브맨은 기존의 회원제도를 강화한 토털 리워드라는 회원카드로 회원들의 신상정보는 물론 그들이 호텔에 머무는 동안 하는 모든 행동을 추적했다.

고객은 해러스에서 모든 결제를 이 카드로 하는데, 레스토랑은 물론 슬롯머신을 이용하려면 이 카드를 기계에 꽂아야 하고, 다른 도박칩도 이 카드로 구매한다. 이를 통해 해러스는 어떤 고객이 어떤 상점에서 얼마를 지출했으며 어떤 도박을 얼마만큼 이용했고 얼마를 잃었거나 땄는지를 추적했다. 이렇게 해서 2,800만 회원에 대해 축적된 데이터는 당시로는 엄청난 양인 1테라바이트에 가까웠다.

둘째, 데이터 웨어하우스와 분석 소프트웨어 등 분석 인프라에 투자하고 전문적인 분석인력을 고용해 축적된 데이터 분석에 심혈을 기울였다. 분석결과는 카지노의 전통적 인식과는 달랐다. 카지노 수익의 82%는 26% 고객에서 발생하는데, 수익에 기여도가 높은 고객은 많은 돈을 자주 베팅하는 하이 롤러가 아니라 적은 돈으로 도박하는 로 롤러들이었다. 그들은 소득이 낮은 중년 이상의 나이 든 고객들로, 하루에 50달러 정도의 작은 돈으로 도박하지만 일 년에 30회 정도 카지노를 방문했다.

충성도를 높이고 소비를 촉진하려면 이들이 어떤 보상을 좋아하는지 알아야 했다. 일반적으로 기프트숍 할인은 매력적이지 않았으며 호텔 숙박비 할인을 선호했다. 또한 많은 고객은 카지노 인근에서 살았는데, 이들은 호텔에 숙박하지 않으므로 보상으로 카지노 칩을 선호했다.

셋째, 분석결과를 회원들의 충성도를 높이는 마케팅 정책에 적극 활용했다. 구체적으로 회원들을 인구통계변수와 지출이력을 바탕으로 80개 이질 집단으로 구분한 뒤, 각각 집단의 특성에 적합하도록 차별적으로 마케팅했다. 예를 들면 슬롯머신을 주로 사용하는 회원들에게는 그들이 선호하는 슬롯머신을 파악해서 배치를 바꾸거나, 방이 꽉 차는 휴가철에도 예약을 늦게 하는 하이 롤러들의 특성을 고려해 그들을 위한 방을 미리 빼두는 식이었다.

또한 필요한 경우에는 도박 중인 개개인에게 실시간으로 대응했다. 가령 개개인이 잃고 따는 금액을 실시간 추적하다가 어떤 개인이 그의 인내 한계점[pain threshold], 즉 총 잃은 금액이 도박을 중지하도록 만드는 액수에 가까워지면 직원이 접근해서 공짜 식사나 쇼 티켓을 무료로 제공해 기분을 누그러뜨리고 계속 호텔에 머물도록 유도하는 것이다. 그리고 직원들에 대한 인센티브나 성과급도 그들이 창출한 매출이 아니라 그들이 봉사했던 고객들의 만족도를 기반으로 산정했다. 이는 서비스에 만족한 고객이 다음 해에 더 많이 지출한다는 데이터 분석결과 덕분이었다.

넷째, 가장 중요한 요인으로 러브맨은 해러스에 분석지향적 조직문화를 성공적으로 구축했다. 예를 들어 러브맨은 직원들에게 "그냥 그렇게 생각하는 것이냐, 아니면 데이터 분석으로 알아낸 것이냐"라는 질문을 자주 던졌다. 계획이나 전략에 관한 아이디어를 제시하는 직원은 누구나 이를 뒷받침하는 데이터 분석에 입각한 증거를 제시해야만 했다. 심지어 러브맨은 "우리 회사에서 해고되는 사유는 세 가지다. 절도, 성희롱 그리고 근거가 되는 데이터 없이 주장하는 것이다"라고 말한 것으로도 유명하다.

러브맨 영입 이후 고객이 해러스에서 도박에 지출하는 돈은 약 40% 증가했으며, 영업 수익도 평균 27% 늘었다. 특히 2003년에서 2006년 사이에는 해러스의 주식가격이 14달러에서 85달러로 약 6배나 폭등했다. 또한 2005년에는 업계 라이벌 시저스를 인수한 뒤 인지도를 고려해서 기업명을 시저스 엔터테인먼트로 바꾸었다. 현재 시저스는 미국 13개 주에 26개 카지노를 운영하며, 세계적으로는 7개국에서 51개 카지노를 운영하는 세계 최대 카지노 그룹이 되었다.

예측은 미래라는 미스터리에 대한 실마리를 얻는
것이다. 기업은 미래를 엿볼 수 있는 예측으로 완전
히 새로운 경쟁력을 갖게 된다. 예측의 첫걸음은 과
거 데이터로 학습하는 것이다. 예측은 과거 데이터
를 바탕으로 무슨 일이 왜 일어났는지 모델링(인공
지능)을 해서 미래의 여러 가능성에 대한 확률을 계
산하는 것이다.

4장

빅데이터의 꽃, 예측

이상탐지와
예측의 차이점

빅데이터 시대에 기업의 경쟁우위를 달성할 수 있는 안성맞춤 수단은
데이터에서 인사이트를 추출하는 도구인 인공지능(통계·기계학습)이다.

"어제는 역사이고 내일은 미스터리다"라는 말이 있다. 예측은 미래
라는 미스터리에 대한 실마리를 얻으려는 것이다. 기업은 수많은 의
사결정을 하고 규모가 커질수록 비효율적으로 되며 자원을 낭비하는
경향이 있다. 하지만 미래를 엿볼 수 있는 예측으로 완전히 새로운 경
쟁력을 갖게 된다. 선택권이 더 넓어지고 정확해지기 때문이다. 빅데
이터 시대에 기업에서 예측분석이 크게 늘어난 이유는 세 가지로 설
명된다.

첫째는 데이터가 엄청나게 증가하고 있다는 것이다. 둘째는 클라우
드 등 하드웨어와 오픈 소스인 소프트웨어 솔루션의 개선으로 예측분
석이 쉬워졌다는 것이다. 셋째는 예측분석의 중요성을 잘 인식해 예

측 기술을 제대로 수용하고 활용하려는 기업문화가 확산되었다는 점이다. 이제 기업에게 예측분석은 선택이 아니라 필수가 되었다. 예측분석이 비즈니스하는 방식을 업그레이드하는 수단이자 차별적 경쟁력을 제공하는 도구로 비즈니스 판을 급격하게 바꾸고 있다.

예측의 첫걸음은 과거 데이터로 학습하는 것이다. 어제는 역사이고 미래는 미스터리지만 어제에서 교훈을 얻을 수 있다면 미래는 미스터리가 아니라 기회가 된다. 예측은 과거 데이터를 바탕으로 무슨 일이 왜 일어났는지 모델링(인공지능)해서 미래의 여러 가능성에 대한 확률을 계산하는 것이다.

다시 말하면 모델을 바탕으로 이벤트가 발생한 패턴을 추출해 검증한 다음 그 모델을 그대로 새로운 데이터에 적용해 유사한 이벤트가 일어날지 예측하는 것이다. 따라서 진단분석, 즉 무슨 일이 왜 일어났는지 우선 규명하기(또는 발견하기) 위해 모형화하는 것이 매우 중요하다.

기업의 목표는 경쟁우위를 확보·유지해 높은 성과를 올리는 것이다. 제너럴 일렉트릭GE 전 회장이자 전설적 CEO인 잭 웰치Jack Welch는 "경쟁우위가 없다면 경쟁을 하지 마라"라는 유명한 말을 남겼다. 그렇다면 경쟁우위는 어떻게 달성할 수 있을까? 경쟁우위는 결국 비즈니스의 다양한 영역에서 1~2%를 감소시키거나(비용, 위험 등) 증대시키는(효율, 생산성 등) 것이다. 예를 들면 원가, 수율, 이상탐지, 새로운 기회 포착(서비스 또는 상품 개발) 등의 측면에서 경쟁기업보다 1~2%를 감소시키거나 높이는 것이 바로 경쟁우위다.

그리고 기업 내외부에 데이터가 넘쳐나는 빅데이터 시대에 그런 경쟁우위를 달성할 수 있는 안성맞춤 수단은 바로 데이터에서 인사이트를 추출하는 도구인 인공지능(통계·기계학습)이다. 인공지능을 활용한 데이터 분석을 바탕으로 고객과 시장에 대한 인사이트를 추출하고 그것을 바탕으로 현명한 의사결정을 할 때만 지속가능한 경쟁우위를 창출할 수 있다.

　더욱이 저성장 속에서 경쟁이 더욱 격화되는 현시점에서는 경험이나 감이 아니라 데이터 분석에 근거해 의사결정하는 것은 매우 중요하며, 이제 데이터 분석에 근거하지 않은 의사결정은 내릴 가치가 없다. 경영전략의 대가인 하버드대학교 교수 마이클 포터^{Michael Porter}는 '남들보다 낮은 비용, 남들이 무관심한 틈새시장, 남들이 쉽게 모방할 수 없는 차별성'을 기업 경쟁력의 세 가지 원천으로 지목했다. 이 세 가지 원천의 바탕은 역시 인공지능을 활용한 데이터 분석이다. 낮은 비용과 틈새시장은 시장과 고객에 대한 데이터의 정밀한 분석에서 나오는 통찰력에서 찾을 수 있다. 남과 다른 차별성 역시 남들이 쉽게 모방할 수 없는 데이터 분석의 경험과 인공지능 알고리즘에서 나온다.

　진단분석으로 개발된 인공지능 모델은 두 가지 목적으로 예측에 활용된다. 첫째는 이상탐지로, 현재 무슨 이상^{異狀} 상황이 벌어지는지 실시간으로 탐지해 이상상황이 발생하면 즉각 대응하는 목적으로 우선 활용된다. 둘째는 예측으로, 앞으로 무슨 일이 일어날지 예측해 그에 따른 최선의 조치를 하는 것이다.

이상탐지와 예측의 차이점은 무엇일까? 기법 측면에서는 전혀 차이가 없다. 즉 인공지능 모델을 활용해 현재 벌어지는 이상을 조기탐지하거나 미래를 예측하는 것은 시점상 편의적 구분일 뿐 기법 차이는 없다. 단지 이상탐지는 위험risk을 관리하는 예방 차원, 즉 고장이나 사고 등 나쁜 소식에 미리 대처하는 것에 중점을 두는 반면, 예측은 사고뿐만 아니라 다양한 가능성에 대한 예측을 바탕으로 선제적proactive이고 처방적prescriptive으로 대응하는 것이다.

실시간 대응에 필요한 이상탐지

현재 어떤 상황이 벌어지는지 실시간으로 탐지해 즉각 대응하는 이상탐지는
거의 모든 산업의 광범위한 영역에서 일상적으로 이루어지고 있다.

문제가 왜 발생했는지 규명하는 인공지능 모델은 이상탐지, 즉 현재 무슨 이상상황이 벌어지고 있는지 실시간으로 탐지해 이상상황이 발생하면 즉각 대응하는 목적으로 우선 활용된다. 예를 들어 센서 데이터를 이용해 장비나 설비의 이상을 조기에 탐지하는 것을 예방정비 preventive maintenance라고 한다. 해상 시추선 밑에는 해저에서 작동하는 수중 전기 펌프가 있다. 이 펌프는 한 번 해저에 설치되면 수명이 다하는 3년 동안은 접근하기가 매우 어렵고, 펌프 대체 비용도 약 240억 원이나 된다.

더욱이 펌프를 대체하는 동안 시추 작업 중단으로 인한 생산 손실은 최대 2,400억 원에 이른다. 펌프의 이상을 사전에 탐지하기 위해

수중 환경과 펌프 작동 상황을 실시간 측정한 센서 데이터를 자동으로 분석하는 인공지능은 해상 시추 작업에서는 필수적이다. 이처럼 현실에서는 거의 모든 산업의 광범위한 영역에서 이상탐지를 일상적으로 하는데, 특히 많이 적용되는 문제들을 요약하면 다음과 같다.

- 고객(회원) 이탈(통신사, 보험사, 은행, 증권사, 포털사이트 등)

- 사기탐지(보험 청구, 세금환급, 수당 청구, 정부 계약 등)

- 채무불이행(대출, 신용카드, 외상매출 등)

- 이상탐지(환자, 미숙아, 암 조기 진단 등)

- 고장탐지(인공위성, 원자로, 항공기, 선박, 시추선, 공장 설비 등)

- 기타(직원 이탈, 학교 중퇴 가능성, 거짓말 여부 탐지 등)

빅데이터 분석이 이상탐지 목적으로 가장 많이 활용되는 이유는 바로 위 사례들을 대부분 인공지능으로 자동화할 수 있기 때문이다.

캐나다의 한 아동병원의 사례를 보자. 미숙아는 일반적으로 임신 37주 미만으로 태어난 아기로 정상 개월 수를 다 채우지 못하고 태어났기 때문에 특히 폐의 기능과 면역 체계가 미숙한 상태다. 따라서 미숙아는 감염에 취약하고 그에 따른 사망률도 매우 높다. 캐나다에서는 미숙아의 약 25%가 감염을 일으키고 그중 약 10%는 사망한다(캐나다의 미숙아 출생률은 약 8%로 신생아 14명 중 1명이 미숙아). 신생아 중환자실의 각종 의료장비는 미숙아의 심장박동, 맥박, 호흡수 그리고 그 외의 신체 기능을 모니터한다. 하지만 이러한 수치와 감염의 관계는 매우 미묘하여 경험이 많은 의사라고 할지라도 감염 여부를 조기에 감지해 증세가 악화하기 전에 미리 대응하기가 어렵다.

캐나다 토론토대학교 의학정보연구소장 캐롤라인 맥그리거Carolyn McGregor는 미숙아 데이터를 심층적·포괄적으로 분석한다면 미숙아 감염 여부를 조기경보할 수 있을 거라고 확신했다. 이전에 유통 분야 컨설턴트였던 그는 고객들의 쇼핑 행위를 분석하듯이 미숙아들의 데이터를 분석해 미묘한 이상을 탐지하는, 즉 감염 여부를 조기경보하는 알고리즘을 개발하려 한 것이다.

아르테미스Artemis* 라고 명명된 이 프로젝트는 미숙아들의 생리적 데이터와 임상정보를 실시간으로 수집해 종합적으로 분석해 감염이나 그 외 합병증을 조기경보하는 플랫폼이다. 의사들은 미숙아의 감염 증상이 수동적으로 확인되기 24시간 전에 조기경보를 받음으로써 사전에 대응(치료)해 생명을 구할 수 있다.

미숙아 한 명당 측정되는 데이터는 생리적 데이터와 임상 데이터로 나뉜다. 생리적 측면에서는 매초 측정되는 맥박, 호흡수, 혈중산소 농도가 하루 8만 6,400개 수치를 만들어낸다. 심장 박동수는 한 시간

---

* 그리스 신화에 나오는 올림포스 12신 중 하나로, 여성의 출산을 돕고 어린아이를 돌보는 여신이다.

에 7천 번 이상, 하루에는 약 17만 번이다. 심전도에서는 초당 1천 개수치가 나온다. 미숙아의 신경 기능 측정에서도 데이터가 하루에 수천만 건 생산된다. 임상적 측면의 데이터는 약물 주입과 영양 주입이며, 미숙아 한 명당 최소한 10개 이상 약물 주입이 동시에 진행되는데 여기서 발생하는 데이터는 하루에 1GB 이상이다.

아르테미스는 이 데이터를 스트림stream processing으로 처리하고 분석한다. 모델 개발의 바탕은 지도학습이다. 감염되었던 미숙아와 그렇지 않았던 미숙아에 대한 엄청난 양의 데이터에서 조기경보 알고리즘을 학습한 것이다. 2009년 토론토 아동병원에서 시작된 이 프로젝트는 IBM과 제휴해 클라우드 컴퓨팅 버전으로 개발되었고, 지금은 캐나다의 여러 아동병원으로 확산되었다. 국제적으로는 미국 프로비던스, 중국 상하이와 센첸 등의 아동병원에서 활용하고 있다.

앞으로 벌어질
상황을 예측

사람들이 아침에 어떤 뉴스를 검색해서 읽고, 출근하고, 일하고, 먹고, 여행하고, 쇼핑하고, 의사소통하는지 등 거의 모든 활동이 예측 대상이 된다.

앞으로 일어날 일을 예측하는 것은 개인이나 기업은 물론 국가 수준에서도 유용한 정보가 된다. 기업의 경우 소비자들의 욕구^{needs}와 행동 패턴을 예측하는 것이 필수적이기 때문에 예측하고자 하는 대상은 매우 광범위하다.

사람들이 아침에 어떤 뉴스를 검색해서 읽고, 출근하고, 일하고, 먹고, 여행하고, 쇼핑하고, 의사소통하는지 등 거의 모든 활동이 예측 대상이 된다. 물론 산업 영역과 해결하고자 하는 문제의 성격에 따라 더욱 다양한 것이 예측된다. 구체적으로 예측 대상의 예를 들면 다음과 같다.

- **온라인 행동**: 검색, SNS 글, 광고·프로모션 클릭, 좋아요·리트윗, 구매 결정

- **소비**: 가전, 패션, 외식, 배달, 여행 등 각종 서비스·상품 구매, 예약·주문, 예약·주문 취소

- **건강**: 의료 서비스 선호, 입·퇴원, 질병 감염, 치료 효과, 사망

- **금융**: 저축, 대출, 투자, 보험, 부당 청구, 계약해지

- **일 관련**: 직업 선택, 취업, 고과, 이직, 사고 유발

- **사적 영역**: 우정, 사랑, 임신, 이혼, 부동산·주식 투자, 기부

- **기타**: 생각, 의도, 의견, 투표, 거짓말, 스팸 메일, 사고·범죄, 사기, 탈세

예측분석의 난이도는 인공지능 모델을 개발하기 위한 데이터 획득, 가공, 분석 등의 단계가 각각 얼마나 어려우냐에 달렸다. 문제를 해결하기 위해 데이터를 측정하거나 수집하기가 쉽지 않은 것은 더욱 정교한 분석과정을 밟아야 한다.

롤스로이스의
서비스 플랫폼

○ 서비스 지향의 제조는 제품을 제조할 때 향후 추가 수익원이 될 수 있는
관련 서비스를 제품에 미리 내재해서 제품을 개발·생산하는 것이다.

제조업은 실체가 있는 유형^{tangible}의 제품을 생산하고 서비스업은 무형^{intangible}의 서비스를 제공하므로 일반적으로는 서로 독립적 사업으로 인식된다. 하지만 이제 제조업도 애프터서비스를 넘어서 본격적으로 제품과 관련한 서비스에서 비교우위와 나아가 새로운 수익을 창출하려는 추세가 확산되고 있다. 이는 서비스 지향의 제조$^{service-oriented}$ ^{manufacturing} 또는 서비스가 내재된 제조$^{service-embedded\ manufacturing}$ 등으로 불린다. 간단하게 표현하면 제품을 제조할 때 향후 추가 수익원이 될 수 있는 관련 서비스를 제품에 미리 내재해서 제품을 개발·생산하는 것이다.

물론 센서, IOT, 클라우드 등의 기술 발달이 자연스럽게 제조업 서

비스화를 가속하고 있다. 예를 들어 제품 내에 센서를 설치하면 다양한 부품의 상태를 실시간으로 측정할 수 있고, 이 데이터를 분석해서 이상을 조기에 탐지해 자동으로 경고하거나 문제가 발생하기 전에 정비할 수 있다. 제품 구매자에게 이런 서비스도 제공한다면 새로운 수익 창출은 물론 고객과 관계도 더욱 견고해진다. 이런 추세에서 가장 대표적 형태는 롤스로이스처럼 제품과 서비스를 통합한 솔루션을 제공하는 것이다.

1904년 설립된 롤스로이스Rolls-Royce는 다양한 산업에서 필수적인 동력장치power system를 개발하고 제조한다. 특히 항공기 엔진 분야에서는 세계 제2의 시장점유율을 차지하고 있는데 현재 롤스로이스의 약 1만 3천 개 제트추진엔진이 항공기 4천여 대에 장착되어 운항중이다. 롤스로이스는 엔진을 제작·판매하는 기업이지만 엔진 판매에서 벌어들이는 수입보다 2012년 이후에는 서비스에서 벌어들이는 수입이 더 많다. 단순하게 엔진만 파는 것이 아니라 엔진을 사용하는 고객의 제품과 서비스를 통합한 인공지능 솔루션인 토털케어TotalCare 덕분이다.

이러한 변화의 계기는 시장의 요구, 즉 항공사의 요구가 변했기 때문이다. 전통적으로 롤스로이스가 엔진을 항공사에 판매하면 항공사는 엔진에 대한 정비와 부품 조달 등의 모든 것을 책임졌다. 하지만 항공사는 이런 책임에서 벗어나 승객 서비스에만 전념하기를 원했고 롤스로이스는 토털케어라는 인공지능 솔루션으로 응답했다. 토털케어의 핵심은 엔진의 소유와 관리에 대한 리스크를 항공사가 아니라 롤스로이스가 책임지고 항공사는 엔진을 사용한 시간만큼만power

^{by the hour} 비용을 내는 것이다. 따라서 롤스로이스는 엔진 정비와 부품 조달 등 모든 것을 책임지고 엔진의 신뢰성과 유용성을 최대로 보장해야 했다. 그러려면 롤스로이스는 가능한 한 고장 나지 않는 엔진을 만들어야 하고, 운항중인 엔진의 상태도 실시간으로 측정하고 이상을 조기에 탐지해 즉각 대응할 수 있어야 했다. 또한 정비도 신뢰성을 유지하면서 동시에 신속하게 해야 했다. 이 과정을 시각화하면 〈그림 4-1〉과 같다.

항공기가 운항중일 때 엔진에 장착된 센서는 주요 부품의 성능과 관련된 진동, 오일 압력, 온도 등의 데이터를 실시간으로 데이터 센터에 전송한다. 전 세계 세 지역에 있는 데이터 센터에서는 엔진 상황을

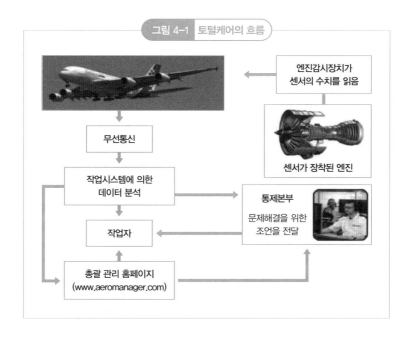

그림 4-1 토털케어의 흐름

실시간으로 모니터한다. 즉 실시간으로 유입되는 엔진 데이터를 인공지능이 자동으로 분석해(부품 고장이나 교체 필요성 예측) 엔진의 이상을 조기에 탐지하는 것이다. 또한 이상이 탐지되는 경우 찾아가는 서비스를 제공한다. 즉 해당 항공기의 도착지에 미리 정비요원을 대기시켜서 승객이 내리는 동안 정비를 완료함으로써 비가동시간downtime을 최소화한다.

토털케어는 엔진뿐만 아니라 항공기 전체의 모든 시스템에 대한 주요 작동 데이터도 수집한다. 인공지능을 활용해 항공기의 운항 성능과 관련된 데이터를 종합적으로 분석함으로써 연료 소비의 효율을 최적화하는 서비스도 제공하는데 이로써 연료비용이 1~2% 절약된다. 이렇게 해서 절약되는 비용이 항공사 규모에 따라 2천만 달러에서 2억 달러에 달한다.

현재 40여 개 대형항공사의 4천여 개 엔진이 토털케어 서비스에 가입되어 있으며, 최신의 트렌트Trent 엔진은 95%가 가입되어 있다. 지난 10여 년간 롤스로이스 주가는 지속적으로 상승했는데 롤스로이스의 서비스 매출은 2003년에는 10%에 불과했지만 2012년부터는 50%를 초과했다. 롤스로이스에서 가장 큰 변화는 고객을 위한 기술과 서비스 개발, 즉 부품 고장이나 교체 필요성을 예측하는 예방 정비predictive maintenance, 신속한 정비를 위한 부품 공급망의 최적화, 자산관리asset management의 효율 증대에서 철저하게 데이터 분석을 바탕으로 한 조직 문화가 자리 잡았다는 것이다. 사내에 서비스 개발 관련 석사학위 과정도 만들었다.

대형할인점 타깃의
임신부 잡기

임신한 고객을 초기에 미리 식별할 수 있다면 그들을 다양한 상품을
우리 매장에서 구매하는 습관을 들이도록 유도해 매출을 크게 늘릴 수 있다.

진단분석 모델은 데이터 속에서 일관적인 경향을 나타내는 패턴
을 잘 파악해 문제를 발생시키는 원인이나 상황을 찾아낸다. 이 모델
은 현재 무슨 이상상황이 벌어지고 있는지 탐지해 실시간 대응하는
데 활용될 뿐만 아니라 미래에 어떤 일이 벌어질지 인지해 최상의 결
과가 나오도록 최적화하는 데도 활용된다. 한 대형할인점이 임신부를
고객으로 끌어들이기 위해 예측을 이용한 사례를 살펴보자.

삶은 선택의 연속이라고 할 정도로 사람들은 날마다 많은 선택을
하는데, 그중에서 구매가 큰 부분을 차지한다. 그런데 사람들은 구매
의 50% 정도는 신중한 의사결정 과정 없이 습관적으로 한다. 특히 비
누, 치약, 화장지 등과 같은 일상용품 구매는 더욱 그러하다. 또한 사

람들은 자신에게 필요한 모든 것을 한 가게에서 구매하지는 않는 습관이 있다. 예를 들어 식료품은 식료품 가게에서, 장난감은 장난감 가게에서, 고기는 정육점에서, 세제나 양말, 화장지 등은 대형할인점에서 구매한다. 소비자들의 이런 습관은 식료품에서 의류까지, 야외용품에서 전자제품까지 거의 모든 것을 갖춘 대형할인점으로서는 큰 고민이다. 소비자들의 습관을 바꾸어서 자기 매장에서 모든 것을 구매하게 하고 싶지만 쿠폰이나 인센티브 등 판매촉진 수단만으로는 사람들의 습관을 바꾸기가 쉽지 않다.

물론 사람들의 습관이 고정불변으로 결코 바뀌지 않는 것은 아니다. 대학교 졸업, 취직, 결혼 등과 같이 인생에서 중대한 사건을 겪을 때 사람들의 습관이 갑자기 바뀌고, 쇼핑 행태도 변하는 경향이 있다. 바로 이때가 자기 매장에서 쇼핑하도록 고객을 유인할 수 있는 절호의 기회가 된다. 미국의 대형할인점 타깃Target도 이런 사건 중 하나를 기회로 포착하고자 했다.

타깃은 미국에서 월마트 다음으로 큰 대형할인점으로 1,300여 매장을 운영하고 있다. 인생의 여러 중대한 사건 가운데 타깃이 주목한 것은 출산이었다. 이 시기에 임신부는 격정에 휩싸이고 기진맥진해 쇼핑 습관이 그 어떤 시기보다 더 쉽게 변한다. 이때 그들에게 필요한 신생아용품을 쿠폰 등을 적절히 활용해 타깃 매장에서 구매하도록 유인한다면 그들이 식료품, 수영복, 장난감, 의류 등도 구매하도록 유인할 수 있기 때문이다. 만약 임신한 고객을 식별할 수 있다면 타깃은 그들에게 다양한 상품을 타깃에서 구매하는 습관을 들이도록 유도해 매출을 크게 늘릴 수 있을 것이다.

타깃은 기계학습 모델을 이용해 임신한 고객을 식별해야 했고, 그 것도 타이밍에 맞게 일찍 식별해야 했다. 신생아가 태어난 후에는 엄마들이 다양한 기업에서 거의 동시에 광고와 인센티브 등 집중세례를 받는다. 따라서 다른 소매상들이 아기가 태어난다는 사실을 알기 전에 임신부를 먼저 식별할 수 있어야 했다. 임신부가 임신복이나 태아 비타민같이 다양한 새 상품을 구매하기 시작하는 때가 임신 4개월에서 6개월 사이다. 이 시기에 임신부를 겨냥한 특별 쿠폰과 인센티브로 그들이 타깃에서 구매하도록 유도하면 그들은 매장에서 카트 안에 아기 우유병, 신생아복은 물론 오렌지주스, 화장지, 시리얼 등 다양한 물품을 넣을 것이다. 그리고 이렇게 해서 바뀐 새로운 쇼핑 습관으로 계속 타깃을 찾을 것이다.

그렇다면 타깃은 어떻게 해서 고객들의 임신 사실을 미리 알 수 있었을까? 타깃은 베이비 샤워 등록 프로그램을 이용했다. 베이비 샤워는 출산이 임박한 임신부나 갓 태어난 신생아를 축하하는 행사로, 임신부가 지인들에게서 신생아와 관련된 선물을 받는 것이다. 이 프로그램에 임신부가 등록하면 타깃은 인센티브와 선물을 제공했다.

이 프로그램에 등록한 임신부들이 구매한 제품에 관한 데이터를 분석한 결과, 출산이 임박함에 따라 그들의 쇼핑 행태가 어떻게 변화하는지가 파악되었다. 예를 들면 임신 4개월부터는 향이 없는 로션을 다량 구입했고 임신 5개월부터는 칼슘, 마그네슘, 아연이 포함된 비타민을 구매했다. 또한 누군가 갑자기 향이 없는 비누, 대용량 약솜, 손

세정제, 타월을 구매하면 출산일이 가까워지고 있음을 의미했다.

타깃은 세밀한 데이터 분석을 바탕으로 임신과 관계가 있는 25개 제품을 확인했고, 이를 활용해 각 고객에 대한 임신지수^{pregnancy score}를 계산할 수 있는 기계학습 모델을 개발했다. 타깃은 이 모델을 전국 1,300여 개 매장의 모든 여성 고객에게 적용해 임신이 거의 확실한 고객 수만 명을 식별한 뒤 이들에게 산모와 신생아 관련 상품의 쿠폰을 발송했다. 심지어 출산일까지도 어느 정도 정확하게 추정해 임신의 세부 단계에 맞춘 쿠폰을 보냈다. 얼마 지나지 않아서 임신부들이 타깃을 찾았고, 산모와 신생아 관련 상품 매출이 폭발적으로 증가했다. 그에 따라 타깃의 총매출도 2002년에서 2010년 사이에 440억 달러에서 670억 달러로 크게 늘었다.

타깃의 임신 예측모델이 얼마나 정확한지 보여주는 유명한 사례가 있다. 빅데이터가 얼마나 극적이고 막강한지 알려주는 이 대표적 사례는 너무 극적이어서 일부러 지어낸 것처럼 보일 정도다. 타깃이 임신 추정고객에게 쿠폰을 발송하기 시작하고 1년 정도 지났을 때, 미니애폴리스 외곽에 있는 타깃 매장에 한 남자가 들어와서 매장 책임자에게 따졌다. 몹시 화가 난 그는 타깃이 그의 딸에게 보낸 쿠폰을 들고 있었다. "내 딸이 우편으로 이 쿠폰들을 받았소! 그 애는 아직 고등학생인데 당신들이 걔에게 신생아 옷과 침대 쿠폰을 보내다니! 아니 당신들은 그 애더러 임신하라고 부추기는 거요?"

편지와 쿠폰을 확인한 매장 책임자는 머리 숙여 사과했고, 며칠 후 다시 한 번 사과하려고 그 남자에게 전화를 걸었다. 전화에서 그 남자는 약간 겸연쩍어하면서 이렇게 말했다. "딸애하고 이야기해봤는데요. 집 안에서 내가 완전히 모르는 일이 벌어지고 있었네요. 그 애 출산일이 8월이랍니다. 내가 사과드려야 하네요. 그런데 당신들은 도대체 내 딸이 임신한 것을 어떻게 알았나요?"

타깃은 쿠폰을 받은 임신부들의 반응에도 신경 썼다. 타깃의 쿠폰을 받은 일부 임신부들은 타깃이 자신들을 염탐한다며 화를 낼 수도 있었다. 일부 임신부들은 그들이 아직은 필요하다고 느끼지 못하는 품목들까지 타깃이 예상해서 쿠폰을 보내는 것에 심지어 겁을 먹을 수도 있었다. 세밀한 데이터 분석에 바탕을 둔 타깃의 마케팅 정책이지만 임신부의 예민한 정서에 해를 끼칠 수도 있었고, 사회적으로도 큰 문제가 될 소지가 있었다.

타깃은 이런 위험을 줄이기 위해 산모와 신생아용품 쿠폰을 임신부들이 결코 구매하지 않을 상품의 쿠폰과 섞어서 보냈다. 예를 들어 기저귀 쿠폰에 잔디 깎는 기계 쿠폰을 섞거나 신생아 옷에 와인잔 쿠폰을 섞는 식이다. 이런 식으로 쿠폰을 받으면 아무런 의심 없이 자신에게 필요한 쿠폰을 사용하기 때문이다.

개인화 추천
전성시대

빅데이터 시대에 지속적으로 영역이 확대되는 개인화 추천 시스템은
특정 상품이나 서비스를 구매할 확률이 높은 고객을 예측해
그 고객에게 해당 상품과 서비스를 추천하는 것이다.

    톰 크루즈가 주인공으로 나오는 〈마이너리티 리포트〉라는 영화가
있다. 이 영화에서는 초능력자 3명이 아직 벌어지지 않은 범죄를 가
까운 미래에 벌어질 것으로 예측한다. 이 예측을 근거로 체포하는 팀
의 리더인 톰 크루즈는 곧 범죄를 저지를 것으로 예측되는 사람을 잡
아들인다.

    이처럼 예측한다는 것은 예측에 근거해서 구체적 행동을 한다는
것을 의미한다. 기업에서는 예측을 대부분 개인화된 추천으로 활용한
다. 빅데이터 시대에 지속적으로 영역이 확대되는 것이 개인화 추천
시스템이다. 특정 상품이나 서비스를 구매할 확률이 높은 고객을 예
측해 그 고객에게 해당 상품이나 서비스를 추천하는 것이다.

인터넷 쇼핑의 빠른 성장으로 소비자들은 상품과 서비스의 바다에서 자신들이 원하는 것을 효과적으로 찾아야 하는 문제에 직면했다. 이런 정보의 과부하를 해소하는 동시에 매출 증대 수단으로 기업들은 다양한 추천 시스템을 개발해 활용하고 있다.

예를 들어 온라인에서 자신의 취향과 선호에 맞는 여행지를 정하고 이동 수단과 묵을 곳을 선정해 예약하려면 상당한 시간 정보를 탐색해야 한다. 하지만 개인 맞춤형 여행 추천 시스템은 개인의 인구 통계적 특성, 취향, 과거 여행 기록 등을 토대로 고객이 가장 흥미를 느낄 장소를 예측해서 추천해줌으로써 이런 정보탐색의 부담을 크게 줄여준다. 온라인 쇼핑의 급속한 증가가 개인 맞춤형 추천 시스템의 발달로 자연스럽게 이어진 것은 이런 이유 때문이다.

이제 많은 아이템 가운데 고객이 관심을 둘 최선의 아이템을 추천하는 개인 맞춤형 추천 기법은 책, 영화, 음악, 쇼핑, 텔레비전 프로그램, 인터넷 콘텐츠, 신문이나 잡지기사뿐만 아니라 심지어 온라인 데이트에까지 광범위하게 활용되고 있다. 아마존 매출의 35%는 추천으로 발생하고, 넷플릭스에서 다운로드되는 영화의 2/3는 추천으로 발생할 정도다. 이렇듯 개인화 추천 알고리즘은 기업의 성패를 좌우하는 수단이자 핵심 자산이 되고 있다.

개인화 추천 기법은 어떤 정보(제품 특성, 고객 취향, 구매 기록 등)를 사용해 개인이 가장 좋아할 만한 아이템을 추천하느냐에 따라 몇 가지로 나눌 수 있다. 그중에서도 가장 성공적이고 많이 사용되는 협업 필터링collaborative filtering 기법은 고객들의 유사한 행위(구매, 시청, 청취 등)나 평가 정보를 활용한다. '협업collaborative'은 많은 다른 고객의 선호 정보를 바탕으로 개인별로 추천한다는 의미이며, '필터링filtering'은 추천을 자동으로 수행한다는 것을 말한다. 많은 온라인 추천 시스템의 기반이 되는 이 기법의 대표 사례는 넷플릭스Netflix가 개발한 영화 추천 엔진 '시네매치Cinematch'다.

1997년에 컴퓨터광이자 영화광인 리드 헤이스팅스는 미국에서 제일 큰 비디오 대여 체인인 블록버스터Blockbuster Video에서 〈아폴로 13〉이라는 영화를 빌렸는데, 그만 반납하는 것을 잊었다가 연체료를 40달러나 물게 되었다. 비싼 연체료에 속이 상한 그는 '늦게 반납하더라도 연체료도 안 내고 DVD를 빌려볼 수 없을까'라고 생각하다가 새로운 사업 아이디어를 떠올렸다. 그는 넷플릭스라는 회사를 차리고 비디오 대여를 헬스클럽처럼 매달 회비만 내면 마음껏 연체료도 물지 않고 이용할 수 있는 사업을 구상했다. 회원들이 온라인으로 영화 DVD를 주문하면 우편으로 배달하고 나중에 우편으로 반납하는 사업이었다. 우편요금은 회사 부담이었지만, 사람들은 대부분 이 사업 아이디어를 비웃으며 곧 망할 것으로 예상했다. 당시에는 이미 블록버스터라는 오프라인의 공룡이 미국 구석구석에 9천여 개 대여점을 두고 매년 30억 달러 이상 수입을 올리며 시장을 장악하고 있었기 때문이다.

더욱이 미국 우편 서비스는 '달팽이 우편'이라는 별명이 붙을 정도로 느린 것으로 인식되어 있었다. 하지만 모든 사람의 예상과 반대로 넷플릭스는 1999년 500만 달러 매출에서 7년 후인 2006년에는 10억 달러, 2013년에는 44억 달러, 2016년에는 88억 달러로 초고속 성장을 했다. 현재 넷플릭스 회원 수는 전 세계 190여 개 나라에 약 1억 1천만 명이나 될 정도다. 넷플릭스는 성공적인 닷컴 기업 중 하나로 우뚝 섰고, 오프라인 공룡이었던 블록버스터는 파산하고 말았다.

넷플릭스가 성공한 비결은 바로 개인 맞춤형 영화 추천을 잘 활용했기 때문이다. 우선 넷플릭스는 많은 사람이 어떤 영화를 빌릴지 결정할 때 무척 어려워한다는 사실에 주목해 시네매치라는 영화 추천 엔진을 개발했다. 처음에 이 알고리즘은 장르별로 분류한 10만 개 영화에 대한 2천만 건의 고객 영화 평점을 활용했다. 지금은 각 회원의 웹사이트 내 행동 패턴(DVD 클릭 패턴과 검색어 등), 실제 대여 이력, 시청한 영화에 부여한 평점 등을 함께 분석해서 각 고객의 취향과 DVD 재고 상황을 모두 최적화하는 방식으로 영화를 추천한다. 회원 80%가 시네매치가 추천한 영화를 대여할 정도로 추천을 신뢰하고 있으며, 감상 후 만족도도 90%로 높다.

많은 정보 중 시네매치가 높은 가중치를 두는 것은 고객들의 영화 평점이다. 예를 들어 〈해운대〉와 〈괴물〉을 재미있게 본 고객들이 〈7번방의 선물〉을 좋아했다면, 〈해운대〉와 〈괴물〉을 재미있게 본 다른 고객들에게 〈7번방의 선물〉을 추천하는 식이다. 사용자 기반user-based 협업 필터링이라고 불리는 이 방식은 추천하기 전에 고객들의 선호나 행위에 대한 많은 데이터 수집이 필요하다.

하지만 새로 나온 제품은 고객들의 선호에 대한 충분한 데이터가 크게 부족해 추천에 어려움을 겪게 된다. 온라인 서점으로 시작한 아마존도 처음에는 사용자 기반 기법을 사용했지만 영화와 책이라는 영역 차이(책에 대한 개인 평점은 상대적으로 적음)와 특히 매일 엄청나게 발간되는 신간 서적의 특성 때문에 추천의 정확도가 매우 낮았다. 그래서 독자적으로 아이템 기반item-based 협업 필터링이라는 새로운 기법을 개발해 특허까지 등록했다.

이 방식은 고객들의 선호나 행위는 고려하지 않고 고객들이 구매한 아이템에서만 유사성을 찾는다. 예를 들어 〈해운대〉를 본 고객이 〈7번방의 선물〉도 보았다면, 〈해운대〉만 본 고객들에게 〈7번방의 선물〉을 추천하는 식이다. 아마존은 고객들이 아이템을 검색할 때마다 '이 상품을 산 사람은 이런 상품도 샀습니다'라는 제목으로 추천 아이템 목록을 순서대로 제시한다. 고객들의 효율적 구매에 큰 도움을 주는 이 새로운 기법은 아마존 도약의 발판이 되었고, 현재 아마존은 31개 제품 카테고리를 커버하는 세계 최대 온라인 쇼핑몰로 승승장구하고 있다.

빅데이터는 고객과 시장에 대한 풍부한 정보를 담고 있는 보물이다. 빅데이터 분석을 바탕으로 고객과 시장에 대한 정보(insight)를 추출해서 더 빠른 의사결정, 더 나은 의사결정을 할 수 있다. 더욱이 빅데이터가 주는 가장 큰 잠재력은 새로운 기회(서비스·상품)를 제공한다는 것이다. 즉 빅데이터 분석을 바탕으로 새로운 서비스와 상품을 개발한다면 새로운 도약의 기회가 되는 것이다.

5장

새로운 기회를 열어주는
빅데이터

데이터 분석이 일구어낸 링크드인의 도약

데이터 분석을 바탕으로 한 링크드인의 '당신이 알 수도 있는 사람' 서비스는 엄청나게 많은 새로운 고객을 만들어냈다.

빅데이터는 고객과 시장에 대한 풍부한 정보를 담고 있으므로 빅데이터 분석을 바탕으로 고객과 시장에 대한 정보^{insight}를 추출해서 더 빠른 의사결정과, 더 나은 의사결정을 할 수 있고, 결과적으로 효율 증대, 비용 감소, 리스크 감소로 기존 매출을 높일 수 있다. 그런데 빅데이터가 주는 더 큰 잠재력은 없을까? 그것은 새로운 기회(서비스, 상품)를 제공한다는 것이다. 다시 말하면 빅데이터 분석을 바탕으로 새 서비스와 상품을 개발해 새로운 매출을 만들어낼 수 있다.

데이터 활용에서 얻는 새로운 기회(서비스, 상품)는 두 가지로 구분할 수 있다. 첫째는 기업 내부에 있는 다양한 데이터를 연계해 분석함으로써 숨겨진 패턴을 포착하고 이를 새로운 기회로 활용하는 것이다. 둘째는 잠재력이 높은 데이터를 만들어 이를 기반으로 아예 새로운 비즈니스를 하는 것이다. 전자의 사례로 링크드인LinkedIn과 청소기 제조회사인 하코Hako를 제시하고, 후자의 사례로는 새로운 데이터를 기반으로 비즈니스를 창조한 여러 기업을 소개한다.

일단 링크드인의 사례부터 살펴보자. 오늘날 경영에서 중요한 흐름은 다양한 산업 영역에서 빅데이터를 고객 만족을 위한 새로운 기회(제품 또는 서비스)를 찾으려는 도구로 활용하는 것이다. 이런 추세를 대표적으로 보여주는 사례가 링크드인이다. 링크드인은 데이터 분석으로 간단한 서비스를 새롭게 제공함으로써 기업 도약의 발판을 마련했다. 바로 PYMKPeople You May Know라는 약자로 불리는 서비스, 즉 '당신이 알 수도 있는 사람'을 제안하는 서비스다.

링크드인은 미국의 비즈니스 중심 소셜 네트워크 서비스 기업이다. 주로 관심 있는 분야나 경력에 속한 친구들이나 동료를 연결해주는 전문적 네트워킹 서비스를 제공한다. 현재 200여 개 국가에 약 5억 명이 회원으로 있으며, 적극적으로 참여하는 회원만 1억 명 이상으로, 세계적으로 20번째로 인기 높은 사이트다. 링크드인은 마이크로소프트가 2006년말 264억 달러(약 28조 원)라는 천문학적 금액으로 인수하면서 높은 기업 가치가 입증되었다.

링크드인의 수익모델은 구인을 원하는 기업이나 채용기관에 링크드인 회원들의 정보에 접근할 수 있는 권한을 파는 것이었다. 따라서 많은 회원 수 확보가 기업 성장에 필수적이었다. 2003년에 설립된 링크드인은 2006년 회원이 800만 명 정도였는데 이는 경영진 기대에 크게 못 미치는 숫자였다. 더욱이 다른 회원들과 교류하거나 인맥을 활발하게 맺지 않는 것이 문제였다. 친구나 동료들을 사이트에 초청한다든지 하는 회원들의 활동도 매우 미흡했다. 사용자 경험에 중요한 무엇인가가 빠져 있었기 때문에 회원들 간 교류를 활성화하는 새로운 돌파구가 필요했다.* 링크드인의 한 매니저는 당시 상황을 이렇게 표현했다. "마치 콘퍼런스의 환영 연회에 참석했는데 아는 사람이 하나도 없다는 사실을 깨달은 것과 같았어요. 그러면 한쪽 구석에 홀로 서서 음료나 홀짝이다가 아마도 일찍 자리를 떠나겠죠."

'당신이 알 수도 있는 사람PYMK'은 링크드인이 2006년 처음 시작한 서비스로, 두 회원 간에 잠재적 연결link이 있는지 정확히 예측하는 시스템이다. PYMK는 그 이름에서 알 수 있듯이 회원들이 네트워크를 넓힐 수 있도록 그들이 알 수도 있는 다른 회원들을 제시해준다.

이 서비스를 고안한 사람은 링크드인의 데이터 사이언티스 조너선 골드먼Jonathan Goldman이다. 그는 회원들의 프로필 데이터에서 회원들 간 연결을 찾아내 제시해주는 알고리즘을 개발했다. 하지만 사이트의 확장 작업에 몰두하던 링크드인 개발자들은 골드먼의 아이디어에 관심이 없었다. 심지어 일부 동료들은 "왜 링크드인이 고객들의 네트워크까지 찾아주어야 하느냐"며 그의 아이디어를 멸시하기까지 했다.

---

* 이하는 Davenport, H. Thomas and D. J. Patil, "Data Scientist: The Sexiest Job of the 21st Century," *Harvard Business Review* 90, no. 10(October 2012)을 참조.

출처: www.blog.linkedin.com/2010/05/12/linkedin-pymk

하지만 그 당시 링크드인의 공동설립자이자 CEO였던 리드 호프먼
Reid Hoffman은 데이터 분석의 힘을 신봉하는 경영자였다. 호프먼은 골드
먼에게 전형적 서비스 릴리스 방식을 피해갈 수 있도록 했다. 즉 링크
드인 사이트의 가장 인기 있는 페이지에 PYMK를 광고 모듈 형태로
싣도록 한 것이다. 구체적으로는 회원가입할 때 작성한 프로필을 기
반으로 해서 각각의 회원들이 가장 잘 알 것으로 예측된 다른 회원 3
명을 〈그림 5-1〉과 같은 광고 형태로 제시했다. 이런 방식으로 골드
먼은 회원들에게 아직 연결되어 있지는 않지만 알 수도 있는 사람, 예
를 들면 같은 시기에 같은 학교를 다녔거나 같은 직장에서 근무한 사
람을 제시하면 어떤 일이 일어날지 테스트했다.

테스트를 시작한 지 며칠 되지 않아 놀라운 변화가 일어났다. 그런

광고에 대한 전환율이 이전에는 경험하지 못한 수준으로 가장 높았던 것이다. 링크드인 경영진은 PYMK의 위력에 놀라서 임시였던 이 서비스를 아예 정식 표준 서비스로 제공했다. 또한 골드먼은 PMYK 예측이 만들어지는 방법을 계속 개선했다. 예를 들면 친구의 친구 관계 또는 '삼각친밀관계triangle closing'도 활용했다. 만약 앨리스Alice가 밥Bob을 알고 밥Bob이 캐롤Carol을 안다면, 아마도 앨리스도 캐롤을 알 것이다. 더욱이 이런 삼각관계는 앨리스와 캐롤의 학교, 조직, 나이, 지역 등의 배경에서 중복 여부와 중복 기간을 감안해 점수화했다. 예를 들면 같은 조직에 있었던 경우에도 지역과 중복 기간이 긴 경우 점수가 높게 했더니 두 사람의 관계 예측이 성공할 확률이 높아졌다.

결과적으로 데이터 분석을 바탕으로 한 PYMK 서비스는 링크드인을 위해 많은 새로운 고객을 만들어냈다. 링크드인이 사람들을 그 사이트로 돌아오게 하려고 보낸 다른 메시지와 비교하면 PYMK 메시지는 30%나 더 많은 클릭률을 달성했다. 그렇지 않았으면 재방문하지 않았을 수백만 명이 그 사이트를 재방문한 것이다. 이처럼 단 하나의 새로운 서비스 덕분에 링크드인의 성장곡선은 상당히 위쪽으로 급상승했다. PYMK 가치를 입증하는 또 하나의 요소는 다른 많은 소셜 사이트에서 이와 유사한 기능을 추가했다는 점이다. 지금은 페이스북, 트위터, 구글 등 대부분 사이트도 유사한 기능의 서비스를 제공하고 있다.

축적된 노하우를
신사업 기회로 삼은 하코

하코는 청소 관련 노하우와 축적된 데이터를 바탕으로
청소장비 제조업체에서 청소 종합 컨설팅으로 사업을 확장했다.

기업이 해당 영역^{domain}에서 분석적 역량을 축적하면 이를 활용해 다른 기업의 유사한 문제도 해결할 수 있는 컨설팅 서비스를 할 수 있다. 기업이 축적된 분석적 경험과 역량을 해당 산업에서 전혀 다른 새로운 사업(즉 컨설팅 또는 플랫폼 비즈니스)의 기회로 활용하게 되는 것이다.

청소장비 회사인 하코^{Hako}의 예를 들어보자. 하코는 1948년 설립된 독일 기업으로, 실내외 청소장비 분야에서는 글로벌 선도 기업이며 60여 개국에 지점을 두고 있다. 하코는 오랜 역사에서 축적된 경험과 기술력으로 다양한 청소장비를 개발해(그림 5-2) 시장을 주도하고 있다. 또한 청소장비 제조뿐만 아니라 청소 관련 노하우와 축적된 데이

그림 5-2 | 하코의 청소장비

출처: www.hako.com/en/business/about-us/about-us

터를 바탕으로 자연스럽게 청소 종합 컨설팅으로 사업을 확장했다.

청소장비를 선택할 때 청소가 필요한 건물이나 내부 시설물, 부지 크기, 내부 도로 등에 따라 필요로 하는 요건이 크게 다르다. 또한 청소의 상황적 특성, 예를 들어 경제적 내구성이 강조될 수도 있고, 넓은 지역에 대한 효율성이 강조될 수도 있고, 심지어 위생에 민감한 상황이 있을 수도 있다. 더욱이 혹서, 혹한, 기상이변 등에 대응할 수 있는 안전성도 요구된다. 하코는 단순히 청소장비를 판매하는 것만이 아니라 그동안 축적된 데이터 분석을 바탕으로 이런 다양하고 이질적인 요구에 맞추어 어떤 경우와 상황에서라도 최적의 종합적 솔루션total solution을 제공하는 컨설팅 사업을 시작한 것이다.

하코의 토털 솔루션은 해당 시설이나 부지에 대한 심층적 조사로 시작된다. 조사 결과는 이미 축적된 산업별(소매, 제조, 물류, 지방자치, 에너지 등) 데이터 분석과 연계되어 최적의 장비 또는 장비 조합을 추천한다. 여기에는 수동 청소장비, 승차 청소장비 등의 최적화는 물론 최소 필요 인력과 최적의 에너지 조합(전기, 배터리, 디젤, LPG 등) 그리고 시연 등이 포함된다. 물론 판매 후 각종 지원 서비스도 패키지에 들어 있다. 수요자로서는 데이터 분석을 바탕으로 한 최적의 청소장비와 최소 필요 인력, 효율성과 안전성 그리고 애프터서비스가 모두 포함된 청소 관련 포괄적 서비스를 한 번에 받는 것이다. 현재 하코는 본업인 청소장비 판매로 벌어들이는 것보다 이런 청소 컨설팅 사업으로 올리는 매출이 3배나 더 많다고 한다.

데이터가
자산이다

고객이나 시장에서 필요하다고 판단되는 데이터를 미리 애를 써서 수집해놓으면
고객이 필요로 하는 시점에 그 데이터를 판매할 기회가 생긴다.

데이터가 가치^{value}를 가지려면, 즉 데이터가 의사결정에 활용되려면 해결하려는 문제와 관련성^{relatedness}, 정확성^{accuracy}, 적시성^{timeliness}이라는 세 가지 조건을 갖추어야 한다. 즉 해결하려는 문제와 관련된 데이터가, 정확한 데이터가, 의사결정에 즉각 활용할 수 있도록 적시에 존재해야 한다.

이 세 가지 특성이 모두 중요하지만 특히 적시성은 의사결정이 필요한 시점에 데이터를 바로 구할 수 없는 경우 문제가 된다. 데이터를 즉각 수집하기 어려운 상황이 많기 때문이다.

따라서 고객이나 시장에서 필요하다고 판단되는 데이터를 미리 애를 써서 수집해놓으면 고객이 필요로 하는 시점에 그 데이터를 판매

할 기회가 생긴다. 데이터 자체를 판매하는 것이 아니라(데이터 자체에 대해서는 수요가 없는 경우) 그 데이터 분석을 바탕으로 컨설팅해주거나 아예 필요한 분석(인공지능)까지 추가해서 서비스를 제공할 수도 있다. 나아가 이런 서비스를 아예 종합적 플랫폼으로 만들어 다수 고객에게 동시에 서비스할 수도 있다. 데이터를 기반으로 현재 존재하는 시장이 아닌 완전히 새로운 시장 또는 비즈니스를 만들어낸 기업의 사례를 보자.

⌁─● 액시엄: 개인정보 추적 관리 기업

액시엄Acxiom은 1969년 선거 때 유권자의 메일링 리스트를 제공하는 일로 시작한 기업으로, 전 세계에서 가장 많이 보유한 개인 정보를 마케팅에 활용하려는 기업에 판매한다. 액시엄은 한 사람의 개인정보를 약 1,500개 항목별로 평생 추적하면서 관리한다. 당신이 어디에 살고 직업이 무엇인지는 물론 몸무게, 소비 패턴, 정치적 성향, 가족 건강, 휴가 계획까지 속속들이 아는 것이다.

액시엄은 약 3억 명에 이르는 미국인, 즉 거의 모든 미국인은 물론 전 세계적으로 약 5억 명의 개인정보를 보유하고서 연간 50조 건이나 되는 거래내역을 분석한다. 미국인의 일상생활에 대해 미국 연방수사국FBI이나 국세청보다 훨씬 깊이 있게 조사한다는 평가를 받고 있으며, 특히 9·11테러 당시 가담자 19명 가운데 11명에 대한 정보를 보유해서 유명해지기도 했다.

액시엄은 일단 특정한 개인의 정보를 취득하면 그 사람에게 모두 13자릿수로 만들어진 번호를 부여한다. 이후에는 모든 정보가 이 번호로 분류·관리된다. 수집되는 정보는 나이, 주거지, 성별, 피부색, 취향, 정치적 성향부터 선호하는 휴가지, 기르는 동물, 물품 구매 행태, 교육 수준, 수입, 병력, 재정 상태, 가족관계, 잡지 구독 여부 등 엄청나게 많다.

액시엄의 장점은 그들의 정보가 소비자의 오프라인 데이터라는 것이다. 즉 인터넷에서 쉽게 찾아낼 수 없는 정보다. 액시엄은 사람들이 생활에서 남기는 흔적(데이터)을 꼼꼼하게 추적한다.

예를 들면 공문서 신청, 신문·잡지 정기구독, 각종 설문 참여, SNS 활동, 신용카드는 물론이고 보통 5~6개씩 가지고 있는 고객 서비스카드 사용 내역, 부동산 담보 대출 신청, 보험 가입 등을 수집한다. 액시엄은 자신만의 차별화된 데이터 수집 노하우로 광범위한 개인정보를 체계적으로 엄청나게 축적해 독보적인 경쟁력을 갖췄다. 액시엄은 현재 4천 개 이상 데이터뱅크를 관리하고 있다. 세계에서 가장 큰 신용카드 회사 10곳 가운데 7곳, 미국의 대형 백화점 10곳 중 6곳, 10대 자동차 회사 중 8개 업체도 액시엄 고객이다. 액시엄의 매출은 2010년에 이미 1조 원을 넘어섰다.*

---

* "당신의 모든 정보 죽을 때까지 추적한다." 한겨레, 2013. 8. 1.

스카이박스 이미징^{Skybox Imaging}은 스탠퍼드대학교 항공우주공학과 대학원생 4명이 창업한 기업이다. 그들은 재학 중 '창업^{Entrepreneurship}' 과목을 수강할 때 기말과제로 제출했던 사업 아이디어를 졸업 후인 2009년 실제 창업으로 실현했다. 사업 아이디어는 인공위성을 쏘아올려 지구 전체를 사진과 동영상으로 찍어서 그 데이터를 필요한 고객에게 파는 것으로 인공위성의 원격탐사 데이터를 대중시장에 상품화하겠다는 것이다.

위성사진을 분석하면 예를 들어 어떤 항구에 어떤 배(유조선, 자동차 운반선 등)가 얼마나 정박해서 무슨 물건을 얼마나 싣고 어디로 가서 하역했는지 알 수 있다. 이런 정보는 항구운용센터에서 항구사용료(정박료)를 청구하거나, 관련 기관에서 유가를 예측하거나, 국가별·화물별 수출량을 예측하거나, 심지어 세계 경기흐름을 예측하는 데 활용될 수 있다. 스카이박스 이미징은 이런 데이터에 대한 수요가 농업, 광업, 유전, 보험, 투자(원자재 이동 추적), 재난구조 등 광범위한 영역에 있을 것으로 판단했다.

물론 위성정보를 제공하는 업체가 있기는 하지만 인공위성이 고가라서 서비스에는 제약이 많았다. 스카이박스 이미징은 인공위성을 약 24대 쏘아 올려 지구상의 모든 이미지와 그 변화를 거의 실시간으로 측정해서 제공하려고 계획했다. 일반적으로 인공위성을 제작·발사하려면 내구성과 신뢰성 등을 보장하기 위해 3천억 원 이상이 들지만,

보통의 전자부품으로 가장 작게 만든다면 수백억 원이면 가능하다. 물론 이렇게 만들면 내구성이 약해 5년 정도면 수명이 다하겠지만 그런 경우 다시 쏘아 올린다는 것이다. 스카이박스 이미징은 미국에서 선정한 가장 대담한audacious 25개 기업 중 1위에 올랐다.

2012년 스카이박스 이미징은 여러 벤처회사로부터 9,100만 달러(약 950억 원)를 투자받았으며, 2013년 11월에는 세계에서 가장 작지만(크기 80cm, 무게 99kg) 고해상high-resolution 이미지의 첫 위성SkySat-1을 발사했으며, 한 달 뒤에는 두 번째 위성SkySat-2을 발사해 48시간 뒤에는 이 위성에서 수신한 이미지를 발표했다. 2014년에 구글은 구글 맵 서비스를 강화하기 위해 스카이박스 이미징을 5억 달러(약 5,500억 원)에 인수했고 회사 이름을 테라 벨라(Terra Bella는 '아름다운 지구'라는 이탈리아어)로 바꾸었다. 2017년 구글은 테라 벨라를 인공위성 이미지 전문회사인 플래닛 랩스Planet Labs에 매각했지만 이미지 데이터는 계속 받고 있다. 2017년 플래닛 랩스는 위성 6대를 추가로 발사했다.

데이터 그 자체를 넘어
인사이트를 제공한다

원유를 그냥 파는 게 아니라 정유해서 팔면 부가가치가 더 높다. 마찬가지로
데이터를 수집해 고객 니즈에 맞게 잘 분석해서 제공한다면 더 비싸게 팔 수 있다.

데이터 자체를 판매하기보다는 그 데이터에 대한 인공지능 분석으로 인사이트를 추출해 제공해주는 서비스도 새로운 기회가 된다. 데이터 자체에 대한 수요보다 데이터가 갖는 인사이트에 대한 수요가 더 큰 경우가 여기에 해당한다. 사례를 들어보자.

푸드지니어스: 인기 레스토랑 메뉴 및 트렌드 분석

푸드지니어스Food Genius는 미국 36만 개 레스토랑에서 메뉴 데이터를 수집·분석해 식품업체와 유통업체를 대상으로 인기 있는 메뉴와 재료 등의 트렌드에 대한 인사이트를 제공하고 사용료를 받는 기업이

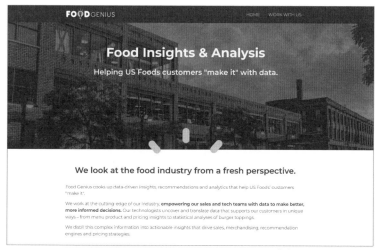

다. 약 2,200만 개 일반 메뉴, 11만 개 특별 메뉴, 메뉴에 포함된 재료에 대한 데이터를 수집하고, 여러 웹사이트에서* 수집한 고객들의 주문 데이터, 음식 평가 데이터를 통합 분석해 지역별로 선호되는 메뉴, 투입 재료, 조리 방법과 양념 등의 트렌드를 파악한다. 이런 정보들은 레스토랑을 새로 열려는 사람들에게 특히 유용하다. 또한 식품업체와 유통업체들은 예를 들어 새로운 피자 메뉴를 개발할 때, 지역별로 피자의 평균가격은 얼마인지, 선호하는 피자 토핑은 무엇인지, 얼마나 많은 경쟁업체가 유사한 메뉴를 파는지, 어떤 메뉴들을 함께 서비스하는food pairings 것이 인기가 있는지 파악하는 데 활용한다.

---

* 푸드지니어스는 온라인 음식주문기업인 GrubHub와 음식 서비스 데이터 회사인 CHD Expert로부터 데이터를 제공받는다.

클라우드 기반으로 제공되는 푸드지니어스 보고서^{Food Genius Reports}의 가격은 월 2천 달러이며, 지역별 선호 등 모든 특성이 포함된 보고서 는 월 1만 달러다. 2016년 푸드지니어스는 미국 내 61개 지역에서 푸 드 서비스 유통업을 하는 유에스푸드^{US Foods}에 인수되었다.

파사도: AI를 이용한 광고 카피 제작

광고 카피, 즉 광고에 들어가는 캐치프레이즈, 슬로건, 문장 등은 소비자의 시선을 끌고 설득하고 재미와 감동을 주는 것으로 매우 크 리에이티브한 영역이다.

퍼사도^{Persado}는 이러한 크리에이티브 영역에서도 인공지능을 이용 해 광고 카피를 만들어주는 기업이다. 퍼사도는 '인지적 콘텐츠 플랫 폼'이라는 기계학습과 자연어 처리 알고리즘을 이용해 이메일이나 페 이스북 등에서 타깃 고객이 광고주가 원하는 행동을 하도록 해주는 말과 감정을 찾아낸다. 이 플랫폼은 마케팅 메시지와 관련된 대규모 데이터베이스와 메시지에 활용된 어휘를 분석하기 위한 사전^{ontology}이 주요 핵심이다.

또한 퍼사도는 수많은 광고 사례에 대한 학습을 바탕으로 전환율 ^{conversion rate}을 높일 수 있는 단어 배열을 생성한다. 즉 마케터들이 주로 사용하는 약 100만 개 카피 문구를 축적해 메시지가 각 사용자에게 제공하는 감정을 분석한 후 메시지 형식과 문장의 구조, 감정적 단어 의 마케팅 소구^{appeal} 등을 기반으로 최적화한 메시지를 작성한다.*

퍼사도는 소매와 온라인 유통, 금융, 여행 서비스, 통신 등의 산업에 솔루션을 제공하며, 실제로 이를 도입한 익스피디아Expedia와 버라이즌Verizon 등은 이메일 콘텐츠의 자동 최적화로 전환율이 평균 50%나 개선되었다고 한다. 퍼사도는 2016년 세계적인 투자사 골드만삭스로부터 투자금을 3천만 달러나 유치했으며, 앞으로는 광고 캠페인뿐 아니라 디지털 헬스케어 분야에서 병원과 환자의 효과적 의사소통으로 영역을 확장할 예정이다.

바이스비어거: 음료 분석 및 데이터 분석

바이스비어거Weissbeerger는 2011년 이스라엘에서 설립된 스타트업으로, '음료 분석beverage analytics'이라는 신조어를 만들어낸 사업 모델은 기존 시장에는 없었다. 〈그림 5-3〉의 왼쪽 이미지에서 보듯이 맥주통의 관에 센서를 설치해(흐름측정기라고 함) 꼭지에서 따라지는 맥주량을 실시간 전송받아 그 데이터를 분석해 다양한 통계와 트렌드를 클라우드를 통해 바bar나 주류업자에게 스마트폰 대시보드로 제공하는 것이다. 다수의 관 이외에 냉장고나 공급망의 다른 중요한 포인트에 설치된 센서에서 수집되는 데이터도 함께 통합되어 분석된다.

바이스비어거의 이런 서비스는 주류 제조업자, 유통업자, 바 또는

---

* "인공지능 카피라이터–퍼사도를 아시나요," 월간 앱, 2016. 9. 22.

그림 5-3 바이스비어거의 사업 모델

출처: www.sapjp.com/blog/archives/11032, www.weissbeerger.com/

레스토랑 주인 그리고 고객들과 관계를 혁신적으로 변화시키면서 매출과 이익의 증대를 가져왔다. 예를 들어 바 또는 레스토랑 주인은 브랜드별 소비량을 실시간 모니터링하고, 맥주 절도(예를 들어 종업원이 요금을 받지 않고 지인에게 맥주를 주는 것)를 억제한다. 또한 맥주통 잔량을 정확히 파악해 적시에 교체함으로써 불필요한 낭비를 방지하고, 최적의 맛을 내기 위한 맥주 온도와 흐름 속도를 유지·관리해 궁극적으로 소비자 만족을 증대할 수 있다. 또한 고객 선호·구매 습관, 즉 언제 무엇을 얼마나 마시는지, 언제 선호 브랜드가 바뀌는지 등을 파악할 수도 있다. 일반적으로 회원 주점은 7~12%의 맥주 절도 및 낭비가 감소했으며, 맥주통당 수입은 5~30% 증가했다고 한다.

바이스비어거는 현재 유럽, 미국, 캐나다, 남아메리카, 중국 등 총 15개 국가에 진출했다. 2018년 전 세계적으로 400여 개 맥주 브랜드를 관리하는 최대 맥주 제조 및 판매 기업 앤하이저부시Anheuser-Busch InBev가 약 8천만 달러에 바이스비어거를 인수했다.

의식 있는 스마트홈을 만든
네스트랩스

네스트랩스는 많은 가전기기가 집안 환경을 탐지하고, 인터넷으로 서로 소통하고,
인공지능으로 스스로 알아서 일하는 가정, 즉 의식 있는 스마트홈을 만든다.

혁신의 아이콘이라고 할 수 있는 사람들이 많지만 그중에서도 단
연 돋보이는 사람은 바로 스티브 잡스[Steve Jobs]다. 그는 혁신을 "현존하
고 상용화되어 있는 모든 기술을 잘 조합해서 사용자들이 미치도록
좋아하는 제품을 만들어내는 것"이라고 정의했다. 혁신이 무슨 대단
한 것을 새롭게 창조하는 것이 아니라 기존의 것들을 잘만 조합해도
아주 혁신적일 수 있다는 것이다. 실제로 그는 여러 산업을 변혁시켰
지만 무엇을 새롭게 창조한 것은 아니다. 그는 세계 최고의 변신과 새
로운 조합의 귀재였다.

잡스는 어떤 산업을 보고 그 안의 문제를 발견해 그것을 어떻게 아
름답고 단순하고 즐거움을 주는 것으로 만들지 생각했다. 이런 잡스

의 철학을 누가 가장 충실하게 실행에 옮길 수 있었을까? 바로 토니 파델Tony Fadell이다. 그는 애플의 수석 부사장으로 아이팟 개발을 주도해 '아이팟의 아버지'라고도 불린다. 잡스와 오랫동안 함께 일한 파델이 잡스의 혁신 유전자를 정확히 이해하고 계승하는 것은 놀랄 일이 아니다. 이 흥미로운 이야기를 풀어보자.

파델은 2008년말 애플을 퇴사한 뒤 가족과 함께 파리에서 휴가를 보냈다. 1년 후 다시 미국으로 돌아온 그는 새집을 지을 계획을 세웠는데, 그가 원하는 새집은 단순하고 환경친화적이면서도 기술적으로는 최첨단인 집이었다. 아이팟을 개발한 그가 그런 수준의 집을 원하는 것은 당연한 일이었다.

하지만 그는 그 과정에서 예상하지 못한 상황을 경험하면서 매우 놀랐다. 집에서 사용하는 대부분 가전기기 제품이 약간의 예외를 제외하면 모두 1950년대 수준에서 더 발달되지 않았기 때문이다. 예를 들어 에너지를 절약하는 온도조절기를 사려고 했지만 기존의 온도조절기는 그런 기능은커녕 극히 제한적인 기능만 있었다.

파델은 이런 현실에서 사람들의 삶을 편하게 해주는 새로운 사업 기회를 발견했다. 돋보이는 디자인에 와이파이와 값싼 센서 기술을 결합해 집 안에서 생성되는 데이터를 분석하면 성능이 훌륭한 첨단제품을 만들 수 있다고 확신한 것이다.

그는 동료 몇 명과 함께 차고에서 네스트랩스Nest Labs를 창립했는데 직역하면 보금자리 연구소이고, 의역하면 스마트홈 연구소가 된다. 회사의 모토는 집 안에서 사랑받지 못하는 것들을 한 번에 하나씩 단순하고 예쁘고 생각할 줄 아는 것으로 재창조해 사람들의 삶을 편안하게 바꾸는 것이다.

네스트랩스가 선택한 첫 제품은 수십 년 동안 거의 개선되지 않은 온도조절기였다. 베이지색에 못생긴 이 온도조절기는 미국 가정이 소모하는 에너지의 반을 통제했지만 실제로는 온도조절기가 없을 때보다 더 많은 에너지가 소비된다는 불만이 있을 정도였다. 하지만 온도조절기의 수요는 매우 많았는데, 미국에만 2억 5천만 대가 설치되어 있고 매년 1천만 개가 팔렸다.

네스트랩스가 새로 내놓은 온도조절기는 혁신적인 네 가지 특징을 장착했다. 첫째는 멋진 디자인이다. 벽의 눈높이에 달아놓는 디자인이 아름다운 온도조절기는 그 자체가 품격 있는 장식물 역할도 했다. 둘째는 와이파이 장착이다. 따라서 온라인으로 소프트웨어를 업데이트하거나 어디에 있든 관계없이 스마트폰으로 온도조절이 가능하다. 셋째는 센서로 방 안에 실제로 사람이 있는지 탐지해 그에 따라 온도를 자동으로 조절한다. 넷째는 학습기능이다. 온도조절기를 처음 설치하면 수동으로 잘 때나 출근 등에 따라 온도를 맞추지만 몇 주가 지나면 센서로 들어온 정보와 언제 어느 상황에서 어떤 온도로 수동 조작했는지 인공지능이 학습한 뒤 가족의 삶 패턴에 따라 온도조절기가 자동으로 작동한다.

네스트랩스의 온도조절기는 매끈한 디자인과 사용자 행동 양식을 분석한 자동 온도조절 기능이 호평을 받으면서 발매하자마자 제품이 딸릴 정도로 큰 인기를 끌었다. 뿐만 아니라 이 기기로 절약된 에너지도 10억 킬로와트에 달했는데, 이는 미국 전역에 15분 동안 전기를 공급할 수 있는 규모였다.

온도조절기가 성공하자 네스트랩스의 두 번째 제품이 무엇일지에 관심이 높았는데 그것은 바로 연기탐지기였다. 연기탐지기는 사람의 생명을 구하는 중요한 기기였을 뿐만 아니라 법적으로도 어느 주택이나 꼭 갖추어야(대부분 몇 개씩) 했기에 수요도 대단히 많았다. 하지만 기존의 연기탐지기는 잦은 허위경보 등의 문제 때문에 가정에서 가장 짜증 나는 기기였으며, 사람들은 위험을 무릅쓰고 연기탐지기를 꺼놓는 경우도 많았다.

네스트랩스 연기탐지기는 우선 안전 부분을 개선했다. 즉 사람들이 허위경보를 막으려고 연기탐지기를 꺼놓는 것을 방지하기 위해 실제로 경보가 울리기 전에 경보가 날 수 있는 상황임을 미리 부드러운 음성으로 알리는 기능을 추가해 상황에 대비할 수 있도록 했다.

또한 불필요한 경보를 최소로 줄이기 위해 온도조절기 센서가 경보 필요성을 판단하도록 했다. 예를 들어 목욕탕에 설치된 연기탐지기 센서는 증기와 연기를 분간해서 샤워할 때 생기는 증기를 감지해도 경보가 울리지 않는 것이다.

최첨단 기술을 하나도 사용하지 않고 이미 상용화된 지 오래된 기술을 조합해서 만든 두 제품만으로 네스트랩스는 창업 3년 만에 매출을 3억 달러 올렸다. 직원도 280명으로 크게 불어났다.

네스트랩스의 비전은 많은 가전기기가 집 안 환경을 탐지하고, 인터넷으로 서로 소통하고, 시키지 않아도 인공지능으로 스스로 알아서 일하는 가정, 즉 의식 있는 스마트홈을 만드는 것이다. 네스트랩스의 이런 비전은 2014년 초에 큰 추진력을 얻었다. 구글이 네스트랩스를 무려 32억 달러(3조 5천억 원)에 인수한 것이다. 이 금액은 통상적으로 매출액의 2배 수준인 인수가액을 크게 뛰어넘어 무려 10배에 달했는데, 구글이 유튜브를 인수할 때 지불한 16억 달러보다 2배나 많은 금액이었다.

왜 구글이 이처럼 엄청난 금액으로 네스트랩스를 인수했을까? 한마디로 말하면, 구글이 네스트랩스의 현재가치보다 미래의 성장 가능성을 크게 평가한 결과다. 특히 네스트랩스가 개발한 그리고 앞으로 개발할 기기들과 구글의 크롬캐스트나 구글 글라스 등의 모바일 서비스를 결합해 스마트홈 네트워크 시장에 적극적으로 진출하려는 것이다. 또한 궁극적으로는 사물인터넷 또는 만물인터넷internet of everything 같은 차세대 IT산업에서 주도권을 확실히 잡으려는 확고한 의지를 드러낸 것이다.

네스트랩스는 2016년 가정용 방범 카메라를 출시했으며, 현재는 40여 종류의 IoT 스마트홈 기기가 네스트랩스에 연동되어 있다. 이제 네스트랩스는 스마트홈의 허브가 되어 미국 대부분 가정에서 무슨 일이 벌어지는지에 대한 데이터를 자동으로 축적하고 있다.

통계학자 토머스 디시는 창의성을 '존재하지 않는
관계를 보는 능력'이라고 정의했다. 데이터 분석적
측면에서 보면 '존재하지 않는'의 의미는 '눈으로는
쉽게 보이지 않는' '우리가 아직 파악하지 못한'이란
의미이며 '관계'는 '자료에 숨어 있는 변수 간의 규
칙적 패턴 또는 변수 간 관련성'을 말한다. 따라서
창의성은 '우리가 아직 파악하지 못한 변수 간 규칙
적 패턴을 찾아내 유용하게 활용하는 것'이라고 정
의 할 수 있다.

6장

창의성과 데이터 분석

보이지 않는 것을
봐야 한다

예술 영역을 제외한 대부분 영역에서 데이터 분석은 창의성의 원천이다.
더욱이 데이터가 넘쳐나는 빅데이터 시대에는 더욱더 그러하다.

많은 기업이 직원들의 창의력을 높이려고 놀이문화를 조성한다든지, 배낭여행을 장려한다든지 하는 다양한 노력을 한다. 미래학자 앨빈 토플러^{Alvin Toffler}가 말했듯이 창의성이 기업의 경쟁력과 직결되기 때문이다. 하지만 창의성이 어디에서 나오고 어떻게 발현되는지에 대해서는 정설이 없다.

오랫동안 '창의성'을 연구해온 신동엽 연세대 교수도 "모든 사람이나 분야에 공통으로 적용될 수 있는 창의성의 정답은 존재하지 않는다. 창의성의 원천에는 서로 다른 다양한 대안이 있다는 사실을 인식하고, 각 상황에서 각자에게 상대적으로 가장 적합한 창의성 모델을 찾는 것이 필요하다"라고 결론 내렸다. 당연히 예술이나 인문학에서 말하는 창의성과 기업경영에서 창의성은 그 원천이 다를 것이다. 그러나 예술 영역을 제외한 대부분 영역에서 데이터 분석은 창의성의 원천이라고 확신한다. 더욱이 데이터가 넘쳐나는 빅데이터 시대에는 더욱더 그러하다.

통계학자 토머스 디시Thomas Disch는 창의성을 '존재하지 않는 관계를 보는 능력'이라고 정의했다. 데이터 분석적 측면에서 보면 '존재하지 않는'의 의미는 '눈으로는 쉽게 보이지 않는' '우리가 아직 파악하지 못한'이라는 의미이며, '관계'는 '자료에 숨어 있는 변수 간 규칙적 패턴 또는 변수 간 관련성'을 말한다. 따라서 창의성은 '우리가 아직 파악하지 못한 변수 간 규칙적 패턴을 찾아내 유용하게 활용하는 것'이라고 할 수 있다.

빅데이터 이야기가 나오면 단골로 등장하는 구글, 아마존, 넷플릭스, 페이스북 등의 공통점은 무엇일까? 이들 기업은 오늘날 지구상에서 가장 창의적인 기업이라는 사실이다. 이 기업들은 또한 빅데이터 분석으로 최고 경쟁력을 갖추었다.

세계 최고 기업 중에서도 단연 두각을 나타내는 구글은 태생부터 전적으로 분석에 기반을 두었다. 구글은 '좋은 논문은 많이 인용되는 논문'이라는 학계의 인정된 패턴을 웹페이지에도 그대로 적용해 특정 사이트가 다른 사이트로 연결되는 백링크를 알아내고 이것을 기본으로 웹페이지 랭킹을 매기는 페이지랭크를 구현했다. 이 페이지랭크는 유용한 정보를 빠르게 습득하도록 함으로써 전 세계 검색엔진 시장을 장악했다.

넷플릭스도 영화 10만 개에 대한 고객 평점 2천만 건에서 각각의 개인과 그들이 선호하는 영화 사이의 패턴을 파악해 시네매치라는 영화 추천 엔진에 적용함으로써 세계적 영화 대여기업으로 급성장했다. 아마존은 고객들이 구매한 아이템 간 유사한 패턴을 분석해 아이템 기반item-based 협업 필터링이라는 새로운 맞춤형 추천 기법을 개발함으로써 세계적으로 도약하는 발판을 마련했다.

세계적으로 가장 창의적 기업이 데이터 분석에 기반을 두고 경쟁 우위를 구가하는 사실은 다음 두 가지를 시사한다. 첫째는 빅데이터 시대에 기업 창의성의 원천은 '새로운 원유'라고 일컬어지는 데이터 분석에 있다는 것이다. 아마존 CEO 제프 베조스는 이런 흐름에 대해 "이 세상의 미래 주인은 분석에 뛰어난 기업들, 즉 사물들이 관련되어 있다는 것을 알 뿐만 아니라 왜 그리고 어떤 패턴으로 관련되어 있는지 아는 기업들이다"라고 표현했다. 둘째는 개인의 창의성 또한 분석 능력을 키우려는 노력으로 기를 수 있다는 것이다. 즉 기업은 직원들을 대상으로 분석능력을 향상하는 프로그램을 운영하거나 분석이 일상화된 기업문화를 조성함으로써 창의성을 높일 수 있다.

분석의 6단계와 창의성

창의성과 분석은 결코 반대되는 것이 아니라 매우 밀접하게 관련되어 있다.
분석을 성공적으로 활용하면 매우 창의적으로 된다.

분석은 새로운 개념이 아니며 이미 오래전부터 여러 영역에서 효과적으로 활용해왔다. 일반적으로 분석은 단계적으로 진행되는데, 예를 들어 매우 분석적인 마케팅 조사는 연구 목적, 연구 설계, 표본 설계, 자료수집, 자료분석, 결과 제시 등의 단계로 진행된다. 또한 식스시그마 역시 매우 체계적인 과정으로 기업의 모든 프로세스에서 결함 발생 수를 100만 개당 3.4 이하로 줄이고자 하는 품질경영 전략이다. 식스시그마의 중요한 방법인 DMAIC는 정의define, 측정measure, 분석analyze, 개선improve, 관리Control의 앞 글자를 딴 것이다. 이 책에서는 영역과 무관하게 누구나 적용할 수 있는 분석단계로 문제인식에서 결과 제시까지 다음과 같은 6단계를 제시한다.

그림 6-1 분석의 6단계

문제인식 → 관련 연구조사 → 모형화 (변수선정) → 자료수집 (변수측정) → 자료분석 → 결과 제시

- **문제인식**: 분석은 자신이 하고 있는 업무나 관심을 갖고 있는 현상에서 문제를 인식해 그것을 해결하고자 하는 것으로 시작된다. 개인이나 기업이 갖고 있는 현안문제나 현재 직면하고 있는 주요 의사결정은 당연히 분석의 주제가 된다. 이런 주제가 자신에게 프로젝트로 주어질 수도 있고, 아니면 자신이 자발적으로 해결하고자 연구를 해도 된다. 물론 순수하게 개인적인 호기심을 불러일으키는 문제도 주제에 따라서는 충분히 분석적으로 접근할 수 있다. 문제인식 단계에서 가장 중요한 것은 무엇일까? 그것은 문제가 무엇인지, 왜 이 문제를 해결해야 하는지, 문제를 해결해 무엇을 달성할지 명확히 하는 것이다.

- **관련 연구조사**: 문제가 인식되면, 다음으로 그 문제와 관련된 기존의 연구를 조사해야 한다. 문제와 직접적·간접적으로 관련된 지식을 각종 문헌(잡지, 책, 보고서, 논문 등)에서 조사하면 문제를 더욱 명확히 할 뿐만 아니라 문제와 관련된 주요 요소(변수)를 파악할 수 있다. 여기에서 변수는 2개 이상의 값을 가지면서 변하는 수로 사람, 상황, 행위 등의 속성attribute을 나타내는데 지능지수, 나이, 방안 온도, 시험 성적, 애국심, 팀 응집력 등이 그 예다. 관련 자료를 모두 섭렵하는 것은 분석에서 가장 중요한 부분이며 다음 단계 모형화(변수선정)에 필수적이다.

  모든 문제는 무無에서 해결되는 것이 아니라 유有, 즉 관련 자료 파악에서 시작되며, 요즘은 구글Google 같은 검색엔진을 활용하면 많은 관련 자료를 쉽게 찾을 수 있다. 그 자료들을 섭렵해 문제와 관련된 내용은 다 읽고 정리해 관련 변

수를 파악해야 한다. 만약 자신의 문제와 유사한 연구를 찾았다면 그 연구결과를 그대로 적용할 수 있는지 아니면 최소한 같은 연구방법을 쓸 수 있는지 검토해야 한다.

- **모형화**(변수선정): 모형은 문제(연구대상)를 의도적으로 단순화한 것으로, 모형화는 문제와 본질적으로 관련된 변수만 추려서 재구성하는 단계이다. 우리가 인식한 문제는 대부분 복잡하므로(변수가 많으므로) 단순화할(변수의 수를 줄일) 필요가 있다. 따라서 문제를 그 특성을 잘 대표하는 결정적 요소만 추려서 주요 변수로만 나타낸다면 분석이 좀더 단순해진다.
  모형화는 신문의 삽화나 커리커처caricature를 그리는 것과 같다. 커리커처가 의도적으로 인물의 중요한 특징(코, 눈, 머리 등)을 강조하고 나머지는 무시하는 것과 같이 모형화도 문제와 관련된 주요 변수만 선택하고 불필요한 것은 버린다. 어떤 변수를 버리고 어떤 변수를 택할지는 그 변수가 문제해결과 얼마나 직접 관련이 있느냐에 달렸다. 예들 들어 지도를 그릴 때 거리와 방향은 매우 중요하다. 하지만 지하철 노선표를 그리는 경우 각 역 사이의 거리와 방향은 그리 중요하지 않다. 지하철 노선표에서는 문제해결(지금 있는 곳에서 목적지로 가는 방법)과 관련해 각 역 사이의 거리와 방향보다는 각 역과 노선별 연결이 더 중요하기 때문이다.

- **자료수집**(변수측정): 변수가 선정되면 그 변수를 측정해야 한다. 자료data는 변수의 측정치를 모은 것이다. 인식된 문제는 모형화해서 주요 변수로 재구성되고 측정이라는 과정을 거치면 자료가 된다. 측정, 즉 자료를 얻는 방법은 먼저 다른 사람이 이미 수집·정리한 자료(2차 자료)를 이용할 수 있는데, 2차 자료는 통계청, 공공기관 연구소 등 여러 원천에서 저렴하게 구할 수 있다.
  하지만 대부분 연구에서는 2차 자료로 자신이 선정한 변수의 측정치를 구할 수 없는 경우가 많다. 그런 경우에는 조사자가 관찰observation, 설문조사survey, 실험experiment을 해서 직접 자료를 수집한다(1차 자료). 이 중에서 어떤 방법을 선택해 구체적으로 어떻게 측정할지는 해결해야 하는 문제의 성격과 측정해야 하는 변수의 특징에 달렸다.

- **자료분석**: 자료가 수집되면 자료를 분석해야 한다. 자료는 그 자체만으로는 아무것도 말해주지 않기 때문이다. 자료분석은 나열된 숫자에서 변수 간 규칙적 패턴, 즉 변수 간 관련성을 파악하는 것이다. 예를 들어 유권자의 투표 성향을 분석하기 위해 지역별, 성별, 나이별로 특정 후보에 대한 지지도를 전화로 조사해 수집했다고 하자. 수집된 자료에서 유권자의 투표 패턴, 즉 지역, 성, 나이 등에 따라 특정 정당 후보를 지지하는 데 어떤 패턴이 있는지를 파악하는 것이 자료분석이다. 자료분석에서는 도표와 그래프 같은 기초적 기법부터 매우 정교한 통계적 모형까지 문제의 성격이나 복잡성에 따라 다양한 기법이 사용된다.

- **결과 제시**: 자료를 분석해 변수 간 관련성이 파악되면 그 결과가 의미하는 바를 해석해 의사결정자에게 구체적으로 조언하는 것으로 분석과정이 마무리된다. 결과는 주요 분석결과를 간단명료하게 요약해 어떤 의사결정이 바람직하다고 제시하면 된다. 중요한 의사결정 사안인 경우에는 관계자가 모인 자리에서 발표와 토론을 하거나 공식적 보고서를 작성할 수도 있고, 학술적 의의가 있는 연구라면 논문으로 발표할 수도 있다.

사람들은 종종 창의성을 분석과 반대되는 것으로 생각한다. 먼저 창의성은 탐구적이고, 자유롭게 사고하고, 영감에 바탕을 두고, 통찰력이 있는 것으로 생각한다. 반면 분석은 종종 지루하고, 기계적이고, 숫자에 의한 것이라고 여긴다. 하지만 나는 창의성과 분석은 결코 반대되는 것이 아니라 매우 밀접하게 관련되어 있다고 확신한다. 분석을 성공적으로 활용하면 매우 창의적으로 되는 것이다. 실제로 분석의 6단계가 창의성의 단계와 내용 면에서는 거의 일치한다.

일반적으로 창의성은 '문제인식→준비→몰입→잠복→영감→문제해결'이라는 6단계를 거친다. 문제가 인식되면 준비preparation단계에서 문제 해결과 관련된 모든 사전 지식이 검토된다. 인식된 문제가 평소에 접하지 않은 낯선 것이라면 이 단계에서도 노력이 많이 필요하다. 몰입immersion단계는 구체적으로 문제를 해결하기 위해 머리를 싸매고 궁리하는 단계로 가장 많은 노력이 집중된다.

에디슨은 천재는 99% 노력과 1% 영감으로 만들어진다고 했는데, 준비와 몰입이 바로 99% 노력이 요구되는 단계다. 그렇지만 힘들게 애쓰고 죽어라 파고들어도 문제가 해결되지 않으면 거의 포기상태가 된다. 이것이 잠복incubation단계다. 문제에서 거의 손을 떼고 포기했지만 그동안 흘린 땀 99% 덕분에 무의식 속에서는 여전히 문제를 해결하려 머리가 회전한다. 그러다가 우연한 기회에 영감insight이 떠오른다. 문제가 단번에 해결되는 통찰력이 순간적으로 번뜩이는 것이다.

창의성 단계는 분석단계와 같다. 단지 창의성 단계는 추상적으로

그림 6-2 창의성 단계와 분석단계

표현되었고, 분석단계는 구체적으로 표현되었을 뿐이다. 두 단계를 동시에 나타내면 〈그림 6-2〉와 같다.

관련 연구조사와 변수선정의 일부는 준비단계에 해당한다. 몰입단계는 변수선정과 변수측정 그리고 자료분석단계를 포함한다. 잠복단계는 자료분석이 난항을 겪을 때를 의미하고, 마지막으로 영감이 번뜩이면 문제가 해결된다. 이러한 창의성 단계를 아르키메데스 이야기에 적용해보자.

아르키메데스가
"유레카"를 외치기까지

아르키메데스는 '유레카'를 외치며 발가벗은 채 시러큐스 거리로 뛰쳐나왔다.
유레카(Eureka)는 그리스어로 '나는 알아냈다(I have found it)'라는 말이다

시러큐스Syracuse의 헤론Hieron왕은 신전에 바치기 위해 순금으로 된 왕관을 만들라고 금세공장에게 명령했고, 금세공장은 왕의 명령을 받들어 훌륭한 왕관을 완성했다. 그런데 그 왕관이 순금으로 만든 게 아니라 금세공사가 왕이 준 순금 중 일부를 빼돌리고 은을 섞어 만들었을 거라는 소문이 떠돌았다. 당시에는 세공사가 금을 값이 싼 금속으로 바꿔치기하는 일이 흔했다. 왕은 금세공사를 불러들여 왕관의 무게를 달아보았지만 순금 무게와 똑같았다. 여전히 의심을 지울 수 없었던 왕은 신하들과 상의했지만 도무지 왕관이 순금으로 되었는지 알아낼 방법이 없었다.

문제인식에서 결과 제시까지의 6단계를 살펴보자.

왕은 아르키메데스^{Archimedes}를 불러 신전에 바치는 의식이 거행되기 전에 왕관에 흠집을 내지 말고 왕관이 순금으로 되었는지 알아보라고 했다. 당시 수학자이자 물리학자로 명성이 자자했던 아르키메데스는 이 과제를 떠안게 되었다.

아르키메데스는 순금이나 합금 등의 무게와 부피에 관한 기존 지식을 섭렵했다. 대수학자인 아르키메데스로서는 형태가 규칙적인 물체의 부피를 재는 일은 식은 죽 먹기였다. 하지만 문제는 형태가 규칙적이지 않은 왕관의 부피를 어떻게 정확하게 재는가 하는 것이었다. 왕관의 무게와 왕이 세공사에게 준 순금의 무게는 같았다. 따라서 문제의 핵심은 왕관의 부피와 왕이 준 순금의 부피를 비교하는 것이었다. 만약 부피가 같다면 왕관은 순금으로 만든 것이다. 만약 은을 넣었다면 은은 같은 질량의 금보다 부피가 크므로 왕관의 부피가 더 클 것이다. 왕관을 훼손하지 않고 형태가 일정하지 않은 왕관의 부피를 어떻게 잴 수 있을까? 왕관을 신전에 바치는 의식이 거행될 날짜가 점점 다가왔다.

여전히 '준비'단계에서 아르키메데스는 왕관의 부피가 왕관이 순금으로 되었는지 확인하는 핵심 변수임을 알았다. 그러나 실제로 부피를 성공적으로 측정하려면 깊은 '몰입'에 빠져야 했다. 왕관의 부피를 재는 가장 간단한 방법은 왕관을 녹여 정육면체로 만든 다음 한 변의 길이를 재면 된다. 하지만 왕관을 훼손하지 말라는 명령을 받았으므로 왕관을 녹일 수는 없었다.

● 4단계: 자료수집(변수측정)

문제에 '몰입'했지만 여전히 형태가 일정하지 않은 왕관의 부피를 재는 방법을 찾지 못했다. 아르키메데스는 침식을 잊고 문제해결에 골몰했다.

● 5단계: 자료분석

왕관을 신전에 바칠 날짜가 점점 다가왔지만 아무리 애써도 왕관의 부피를 잴 방법이 없자 낙심한 아르키메데스는 거의 포기했다. 이 문제를 풀지 못하면 대과학자요 대수학자인 자신의 명성이 훼손되겠지만 도무지 방법이 없었다. 그러나 그동안 깊숙이 몰입하다보니 문제가 그의 무의식에 내면화해 무의식에서는 여전히 머리가 움직였다.

어느 날 아르키메데스는 지쳐버린 심신을 달래고자 목욕탕에 갔다. 옷을 벗고 무심코 탕 안에 발을 들여놓았을 때 물이 흘러넘치는 것을 본 순간 번쩍 '영감'이 떠올랐다. 물속에 물체가 잠기면 그 물체의 부피만큼 물이 흘러넘친다는 것을 알아낸 것이다. 이는 바로 형태가 규칙적이지 않은 물체의 부피를 정확하게 재는 방법이었다. 아르키메데스는 '유레카'를 외치며 발가벗은 채 시러큐스 거리로 뛰쳐나왔다. 유레카Eureka란 그리스어로 '나는 알아냈다I have found it'라는 말이다.

집으로 온 그는 물을 가득 채운 두 항아리 안에 무게가 같은 왕관과 순금을 각각 넣었다. 항아리에서 흘러나온 물의 양을 비교했더니 왕관을 넣은 그릇의 물이 더 많이 흘러넘쳤다. 왕관은 순금으로 만든 것이 아니었던 것이다.

✂ ● 6단계: 결과 제시

아르키메데스가 이 사실을 알리자 헤론왕은 탄복해서 역시 아르키메데스라고 극찬했다. 부정이 폭로된 금세공사는 물론 처형되었다.

일반적으로 창의성은 '새로우면서 유용한 아이디어를 산출하는 능력'으로 정의된다. 하지만 분석 측면에서는 창의성을 '문제해결과 관련된 변수를 선정해 측정한 뒤 변수 간의 새로운 관련성을 파악하는 능력'으로 정의할 수 있다. 따라서 창의적으로 업무를 하는 것은 연습하고 훈련하고 가르치고 배울 수 있다. 개인적으로는 분석능력을 키우려는 노력으로 창의성을 기를 수 있다. 기업 측면에서도 마찬가지다. 기업에서도 직원을 대상으로 분석능력을 향상하는 프로그램을 운영하거나 분석이 일상화된 기업문화를 조성함으로써 창의성을 높일 수 있다.

영감은
어디에서 올까?

"나는 옥수수를 실제로 연구할 때 밖에 있지 않았다.
거기에 있었고 옥수수 체계의 일부였다. 심지어 염색체 내부도 볼 수 있었다."

영감은 순간적으로 번뜩여 문제를 단번에 해결해주는 통찰력이다. 그럼 영감은 어디에서 올까? 대부분 영감은 땀과 눈물겨운 노력에서 온다. 영감은 따로 존재하는 어떤 능력이 아니라 진정으로 99% 땀을 흘렸을 때 찾아오는 보답이다. 99% 땀이란 분석의 핵심인 '관련 연구를 모두 조사하고, 선정된 변수를 측정하여 변수 간의 새로운 관련성을 파악'하려고 정말 열심히 몰두하는 과정이다. 그런 치열한 과정에 몰입하고 몰두하며, 그래도 안 풀릴 때도 포기하지 않고 매달리면 어느 날 우연처럼 영감이 보답으로 주어진다.

아르키메데스는 밤낮으로 침식을 잊고 몰두한 끝에 목욕탕에서 흘러넘친 물과 물에 잠긴 물체의 부피 관계를 터득했다. 마찬가지로 아이작 뉴턴Isaac Newton도 중력에 몰두해 오랫동안 고생한 끝에 사과나무 아래서 사과가 떨어지는 데서 영감을 얻어 중력이 물체 간의 질량과 거리로 결정되는 관계를 밝혀냈다.

미국의 생물학자 바버라 매클린톡Barbara McClintock은 이동성 유전자를 발견한 공로로 노벨 생리의학상을, 그것도 이 부문에서 여성으로는 유일하게 단독으로 노벨상을 받았다. 현장에서 오래 연구하면서 몇 번이나 유레카 영감을 경험한 그는 자신을 잊어버릴 정도의 몰입에서 영감이 나온다고 했다.*

그녀는 옥수수 하나하나와 매우 친밀해져 옥수수 염색체를 연구할 때 옥수수와 자신을 동일시할 수 있었다. "나는 옥수수를 실제로 연구할 때 밖에 있지 않았다. 거기 있었고 옥수수 체계의 일부였다. 심지어 나는 염색체 내부도 볼 수 있었다. 실제로 모든 것이 거기 있었다. 마치 내가 실제로 그 안에 있는 것 같고 그것들이 친구라고 느꼈다는 것이 놀라웠다. … 그것들을 바라보면 그것들은 네 일부가 된다. 그리고 넌 너 자신을 잊었다. 여기서 중요한 것은 네가 너 자신을 잊었다는 것이다."

물론 창의력과 열심히 몰입하는 것은 분석 영역에 국한되지 않으며, 예술이나 문학에도 역시 적용된다. 한국의 유명한 작가 조정래도 영감은 갑자기 떠오르는 게 아니라 길고 고통스러운 고심과 몰두가 쌓여야만 분출된다고 했다.**

* Robert & Michele Root-Bernstein, *Sparks of Genius*, Houghton Mifflin Co., 1999, 4쪽.
** 조정래, 『황홀한 글 감옥』, 시사IN북, 2009, 394쪽.

한 가지에 치열하게 집중하고 몰두하는 생각(사고)이 쌓이고 쌓여 어느 순간에 폭발하는 불꽃처럼 원하던(찾고자 했던) 바가 환하게 꽃피우는 것이 영감입니다. 흔히들 영감이란 갑자기 떠오르는 것이라고 생각합니다. 예, 그것은 영감이 떠오르는 그 순간만을 보는 인식입니다. 그러나 그 과정에는 반드시 자기가 구하고자 하는 것에 대해 깊고 깊은 고심과 몰두가 쌓여야만 영감은 분출합니다. 그러니까 이런 말도 성립할 수 있습니다. '영감이란 고심의 깊이와 몰두의 강도에 따라 결정된다.'

직관이라는 것이 있다. 직관의 사전적 의미는 '판단, 추리 등의 사유작용을 거치지 않고 대상을 직접적으로 파악하는 작용'이다. 아무런 근거도 없고 이유도 설명할 수 없지만 그럴 것이라는 확신이 드는 것이 직관이다. 하지만 필자들은 직관도 자기 전문 분야에서 오랫동안 수많은 분석을 반복했을 때 갖게 되는 능력이라고 생각한다.

신경생물학에 따르면 신경세포는 계속적 분석에 따라 '훈련'될 수 있다고 한다. 따라서 변수를 측정해서 분석해보지 않고도 오랜 분석 경험으로 변수 간 관계를 즉각 판단할 정도가 되면 직관도 자연스럽게 개발된다고 확신한다. 철학자 프리드리히 헤겔Friedrich Hegel은 "고도로 분석적인 사유를 하는 사람만이 순수하고 진정한 직관을 소유할 수 있다"라고 말했다. '고도로 분석적인 사유'는 수많은 분석 경험을 일컫는 추상적 표현이다.

하늘의 기하학적 비밀을 풀어낸 케플러

신앙심이 깊었던 케플러는 태양과 6개 행성 사이에는 신이 창조한 기하학적 구조가 있다고 확신했다. 질서가 없는 우주는 신의 현명함에 위배되었기 때문이다.

가난한 집안에서 태어나 불우한 환경에서 자란 한 천문학자가 있다. 그는 태양과 행성이 함께 움직이는 비밀을 풀어내고 싶었지만 눈이 나빠 관측조차 할 수 없었다. 그런데 수십 년 동안 행성의 위치를 정확히 기록한 방대한 자료가 손에 들어오는 행운을 만났다. 그는 그 자료에 자신의 수학적 재능을 발휘해 수십 년간 노력한 끝에 마침내 하늘의 비밀을 풀어냈다. 그가 바로 위대한 천문학자 요하네스 케플러Johannes Kepler다. 그의 얘기를 해보자.

1571년 독일에서 태어난 케플러는 가난하고 불우한 환경에서 성장했으며, 천연두에 걸려 시력이 약해졌다. 13세가 되던 해에 케플러는 신학교에 진학한다. 당시 신학교는 가난한 젊은이가 교육받을 수 있는 유일한 탈출구였다. 케플러는 17세에 튀빙겐대학교에 입학해 수학과 천문학을 배웠다. 대학교 졸업 후에는 오스트리아 그라츠에 있는 신학교에 천문학 교사로 부임한다. 신앙심이 깊었던 케플러는 태양과 6개 행성 사이에는 신이 창조한 기하학적 구조가 있다고 확신했다. 질서가 없는 우주는 신의 현명함에 위배되었기 때문이다.

당시에도 태양과 행성의 궤도를 설명하려는 이론이 많았지만 이 이론들은 행성의 실제 관측 위치와 큰 오차를 보였다. 행성의 운동을 오차 없이 설명해주는 새로운 이론이 필요했지만 이는 정확한 자료와 엄청난 계산 그리고 창의적 아이디어가 있어야 했기에 천문학자들은 거의 포기한 상태였다. 케플러는 우주가 어떤 기하학적 패턴에 따라 움직이는지 알아내려고 결심했다. 하지만 이를 위해서는 행성의 위치를 정확하게 관측한 자료가 필요했다.

덴마크의 천문학자 티코 브라헤Tycho Brahe는 행성 위치에 관해 맨눈으로 한 관찰로는 역사상 가장 정확한 기록을 남겼다. 그는 덴마크 귀족가문에서 태어났는데, 13세 때 우연히 일식을 목격하면서 우주의 신비에 매료되었다. 브라헤의 상상력을 사로잡은 것은 일식이 아니라 달의 움직임을 관측한 기록을 이용해 일식을 예측할 수 있다는 사실이었다. 그날부터 브라헤는 천문학에 깊숙이 빠져들었다. 그는 천문 관측 장비를 사들여 밤늦게까지 별을 관측하곤 했다.

브라헤가 16세였던 1563년 여름, 토성과 목성의 합合이 일어났다. 합이란 두 행성이 너무 가깝게 접근해 서로 합체된 것처럼 보이는 보기 드문 천문 현상이다.

브라헤는 자신이 만든 관측기기를 이용해 두 행성의 위치를 상세히 측정했다. 이 과정에서 브라헤는 행성 위치표, 즉 이미 알려진 행성의 위치에 대한 과거 기록이 너무 부정확하다는 사실을 깨달았다. 천문학자 수만큼 자료가 있었지만 그 자료들은 서로 달랐다. 브라헤는 이를 천문학자의 수치라고 생각해 자신이 직접 이 문제를 해결하기로 결심하고, 엄밀한 관측으로 행성의 위치를 정확히 측정하는 일에 평생을 바쳤다.

20대 후반에 이미 브라헤는 초신성 관측과 혜성 연구로 유럽에서 장래가 촉망되는 젊은 천문학자로 명성이 높았다. 브라헤의 관찰이 그 누구보다 정확하다고 널리 알려졌으므로 대부분의 사람들은 초신성이나 혜성에 대해 그가 내린 해석을 일종의 결론으로 받아들였다. 이런 그에게 덴마크 프리드리히 왕은 새로운 기회를 제공했다.

1575년경(브라헤 나이 29세), 프리드리히 왕이 덴마크 남부에 있는 아름다운 섬을 브라헤에게 주겠다고 제의했다. 프리드리히 왕은 브라헤의 재능을 꿰뚫어보았고 이처럼 재능이 있는 사람은 덴마크 안에 머물러야 한다고 생각한 것이다. 이 제안을 받아들인 브라헤는 섬에 근대적 천문대인 우라니보르크Uraniborg를 지었다. 우라니보르크는 '하늘을 관장하는 여신의 집'이라는 뜻이다. 그로부터 20년 동안 그는 이 천문대에서 행성 위치에 관한 모든 중요한 관측을 했다. 그의 관측 기록은 매우 정확했다. 브라헤가 관측한 1년의 길이는 불과 1초의 오차밖에 없었다.[*]

---

* 조성호, 『별 이야기(42명의 천문학자가 들려주는 이야기)』, 크리에이트, 2008, 30쪽.
** John Gribbin, *Science: A History 1543–2001*, Penguin, 2002, 45쪽.

행성의 움직임을 관측하는 데는 오랜 기간에 걸친 수고로움이 필요하다. 브라헤는 이 섬에서 20년 넘게 행성의 움직임을 면밀히 관측하여 기록했다.

> 그 후 20년 이상 그 섬에서 이루어진 대부분 브라헤의 작업은 특별히 설명할 것이 없었다. 왜냐하면 그의 작업은 밤마다 고정된 별들을 기준으로 삼아 행성들의 위치를 측정하고 그 결과를 분석하는 지루하지만 중요한 과업이었기 때문이다. 그 작업의 중요성을 말하면, 별자리들을 통과하는 태양의 움직임을 정확히 추적하기 위해 태양을 관찰하는 데 4년이 걸렸고, 화성과 목성 관찰에는 각각 12년, 토성 궤도를 확정하는 데는 30년이 걸렸다.[**]

브라헤는 행성 위치를 정확히 기록하려고 열정적으로 관측하고 엄청난 자료를 축적했다. 하지만 계산과 분석에 약했던 그는 자신의 자료를 우주의 비밀을 푸는 데 활용하지는 못했다.

케플러는 28세가 되었을 때 운 좋게 당시 53세인 브라헤의 조수가 되었다. 하지만 브라헤와 케플러의 관계는 민망할 정도로 편하지 않았다. 두 사람은 출신 배경, 성장 환경, 성격이 너무 달랐으며, 브라헤는 계산을 싫어했지만 케플러는 수학에 천재적 재능이 있었다. 더욱이 브라헤는 지구중심설을 믿었고, 케플러는 태양중심설을 세우려고 했다. 게다가 브라헤는 젊고 유망한 케플러가 자기 명성을 위협할까 봐 견제했다.

이런 이유로 브라헤는 행성에 관한 관측 자료도 케플러가 꼭 필요한 양만큼만 조금씩 볼 수 있도록 했다. 브라헤는 케플러에게 화성 궤도를 분석하는 임무를 맡겼다. 화성 궤도가 특히 복잡했기 때문에 케플러가 거기에 오래 매달릴 거라고 생각한 것이다. 하지만 이런 브라헤의 조치가 나중에 케플러에게는 큰 행운이 된다. 화성 궤도가 여러 행성의 궤도 중 가장 타원형이었기 때문이다.

더욱이 두 사람이 만난 지 1년 만에 브라헤가 갑자기 병으로 죽었다. 그의 상속인들이 물려받을 재산에만 신경 쓰는 사이에 케플러는 브라헤의 관측 자료를 손에 넣는 행운을 맞는다. (케플러는 후에 관측 자료를 '빼앗았다usurped'고 솔직히 표현했다.)

케플러는 브라헤 자료를 이용해 행성운동을 분석했다. 분석의 핵심은 태양과 행성의 상호 움직임에 내재한 규칙적 패턴을 찾아내는 것이었다. 그러기 위해서는 먼저 하나의 패턴을 가정하고 그 패턴으로 계산한 위치와 브라헤가 관측한 행성의 실제 위치가 맞는지 검토하는 고된 과정을 반복해야 했다. 화성궤도 계산에만도 케플러는 무려 8년 동안 70번이나 다시 계산을 되풀이하곤 했다. 이런 작업은 전자계산기나 컴퓨터가 없던 당시로서는 상상조차 하기 힘들 정도로 엄청났을 것이다.

계산 초기에 케플러도 원운동을 생각했다. 당시 과학자들은 원이 가장 완벽한 도형이기 때문에 당연히 행성이 원을 그리며 운동한다고 생각했다. 하지만 원운동으로 행성 움직임을 설명할 수 없자 브라헤 기록을 굳게 믿은 케플러는 마침내 획기적으로 발상을 전환한다. 즉 원을 과감히 버리고 행성은 원이 아닌 다른 형태로 운동한다고 생각하게 된 것이다. 원에서 계란형으로 바꿨다가 그것도 맞지 않자 최후 수단으로 가운데가 불룩 튀어나온 타원을 생각해냈다. 그는 타원 궤도를 이용해 모든 것을 원점에서 다시 계산했고, 20여 년에 걸친 수 없는 분석 끝에 마침내 우주의 비밀을 푸는 '케플러 1, 2, 3법칙'을 완성했다.

- **케플러의 제1법칙(타원궤도의 법칙)**: 각 행성은 태양을 한 초점으로 하는 타원 궤도를 따라 움직인다.

- **케플러의 제2법칙(면적속도 일정의 법칙)**: 동일한 시간 간격 동안 태양과 행성을 이은 가상의 선이 쓸고 가는 면적이 같도록 행성의 움직이는 속력이 변한다.

- **케플러의 제3법칙(조화의 법칙)**: 타원궤도의 평균 반지름의 세제곱은 행성이 태양을 한 바퀴 도는 데 걸린 시간의 제곱에 비례한다.

연구 결과는 그의 위대한 저작인 『새로운 천문학』(1609), 『코페르니쿠스 천문학 개요』 3권(1618, 1620, 1621), 『세계의 조화』(1619)로 출판되었다. 케플러의 법칙은 행성운동에 대한 최초의 과학적 이론이었지만 당시 천문학자들에게는 별다른 영향을 주지 못했다. 사람들은 타원형 궤도라는 개념을 못마땅해했고, 일부는 지구가 우주의 중심이 아니라는 사실을 외면하려 했다.

거의 70여 년 뒤 아이작 뉴턴Issac Newton이 케플러 법칙에서 단서를 얻어 중력이론을 발견, 왜 행성이 타원궤도를 이루는지 설명한 후에 야 비로소 역사가들도 천체 운행을 풀어낸 케플러의 엄청난 공헌을 인정했다. 뉴턴은 케플러 법칙이 성립하는 이유를 그의 역학에 관한 법칙과 만유인력에 대한 이론으로 설명했는데 케플러의 세 가지 법칙 모두 아주 간단한 수학만 이용해 뉴턴의 법칙에서 유도할 수 있다고 한다.

유전학의 아버지 멘델의 엄청난 자료 분석

"나의 과학적 연구는 내게 큰 즐거움을 주었다.
그리고 머지않아 세상은 내 연구의 결과를 인정할 것이다."

1854년경 오스트리아의 시골 수도원에서 한 수사가 완두콩을 열심히 재배했다. 무려 8년 동안이나 225회에 이르는 완두콩 교배실험으로 1만 2,980개 잡종을 얻은 그는 그것을 분석하는 엄청난 작업에 몰두했다. 그의 실험은 당시에는 누구의 주목도 받지 못하지만 수십 년이 지난 후 19세기의 위대한 과학적 성과 중 하나로 인정받았다. 그 수사는 바로 그레고어 멘델Gregor Mendel이다.

가난한 집안에서 태어난 멘델은 당시 흔히 그러하듯이 더 나은 교육을 받기 위해 수도원에 들어갔다. 빈의 대학교에 진학한 그는 식물학에 매료되었다. 식물을 선택적으로 교배하는 방법은 농부들이 수백 년간 해온 것이었다. 하지만 선택적으로 교배하면 왜 그런 개량이 가능해지는지는 아무도 설명하지 못했다. 특히 멘델은 식물의 자손이 부모 세대 형질을 그대로 지니지만 어떤 경우에는 부모 세대에는 없는 형질이 나타나는 것에 주목했다. 그는 여러 세대에 걸쳐 색깔, 길이, 모양 등의 형질이 전달되는 방식에 어떤 규칙성이 있을 거라고 생각했다. 세대 간에 형질이 전해지는 방식을 알아내려면 장기간에 걸친 식물 재배가 필요했고 멘델은 수도원에서 이를 직접 하기로 결심했다.

당시 유전을 설명하는 여러 가설이 있었다. 멘델이 실험을 시작했을 때 찰스 다윈의 자연선택이론이 막 유명해졌지만 멘델은 이에 동의하지 않았다. 당시 일반적으로 인정되는 가설은 세대 간에 걸쳐 유전되는 형질이 서로 섞인다는 것이었고, 다윈도 부모 형질이 자손에게서 반씩 섞인다는 것을 믿었다.

장바티스트 라마르크Jean-Baptiste Marck의 이론, 즉 사용하지 않는 형질은 잃게 되고 사용하는 형질은 발달하며 또한 획득된 형질은 유전된다는 이론은 당시 사실로 받아들여졌다. 다윈도 자연선택을 주장했지만 라마르크적 변이를 배제하지는 않았다. 하지만 멘델은 철저하고 꼼꼼하게 계획한 실험에서 유전의 수학적 원리를 찾아내려고 했다. 당시에도 이런 힘든 실험을 수행한 학자가 여럿 있었지만 그들은 형질의 유전에 관한 일반적 법칙을 발견하지는 못했다. 멘델은 이런 실험이 매우 힘들지만 이런 과정을 거쳐 수집한 자료로만 후손에게 형질이 전해지는 패턴을 분석할 수 있다는 걸 잘 알았다.

멘델은 교배실험 대상으로 완두콩을 선택했다. 완두콩은 싸고 재배하기 쉬우며 한 세대가 짧고 암수한몸이어서 자화수분을 통제할 수 있었다. 완두콩의 수백 가지 형질 중 멘델은 대립형질이 뚜렷해 중간적 형질이 나오기 어려운 다음 7개 형질을 선택했다. 다음 세대에서 중간적 형질이 나타나지 않는 조건은 매우 중요했다. 왜냐하면 당시 일반적으로 받아들여지는 이론은 다음 세대에서는 형질이 서로 섞인다는 것이었기 때문이다.

- 꽃 위치(줄기, 줄기 끝)
- 꽃 색깔(주황, 흰색)
- 줄기 길이(짧거나 김)
- 씨 모양(둥글거나 주름)
- 씨 색깔(황색, 녹색)
- 콩깍지 모양(부풀거나 쭈글쭈글)
- 콩깍지 색깔(황색, 녹색)

1856년에서 1863년 사이에 멘델은 인내심을 가지고 꼼꼼하게 실험을 진행했다. 서로 다른 완두콩을 이종교배하려고 한 종류의 완두콩에 조심스럽게 다가가 수술에 있는 꽃가루를 맨손으로 제거한 다음 다른 종류의 완두콩 꽃가루와 수분했고, 교배된 결과 나타난 세대의 형질을 꼼꼼히 기록했다. 그는 8년에 걸쳐 225회에 이르는 완두콩 교배실험으로 1만 2,980개 잡종을 얻었다. 이는 7개 형질이 여러 세대에 걸쳐 교배된 결과였다.

멘델은 각각의 형질이 전달되는 어떤 규칙성을 찾으려고 이 자료를 분석하는 엄청난 작업을 계속했다. 멘델이 가장 많이 교육받은 분야도 사실 수학이었으므로 그런 배경을 바탕으로 그는 완두콩 실험 결과에 수학적 정확성을 적용해 일관적인 패턴을 찾아내는 데 주력했다. 엄청난 자료를 분석해 멘델이 찾아낸 규칙성은 흔히 멘델의 법칙이라 불리는 다음의 세 가지 법칙이다.

- **우열의 법칙**: 대립형질 사이에는 우성·열성 관계가 있으며 이질적 조합에서는 우성 형질만 발현된다.

- **분리의 법칙**: 우성이 발현된 잡종을 다시 교배하면 형질 분리가 일어나 3:1의 비율로 열성이 나타난다.

- **독립의 법칙**: 형질들끼리는 서로 영향을 미치지 않고 독립적으로 발현한다.

멘델은 실험 결과를 두 부분으로 나누어 1866년 무명의 지방학회지인 브륀 자연학회지에 "식물 잡종의 실험Experiments in Plant Hybridization"이라는 논문을 발표했다. 그는 논문의 별쇄본 40부를 주문해서 찰스 다윈을 포함한 유럽 과학계 주요 인사들에게 보냈지만 아무런 주목을 받지 못했다. 심지어 멘델이 다윈에게 보낸 논문 봉투는 나중에 다윈의 자료를 정리할 때 발견되었는데, 봉투가 개봉조차 되지 않았다고 한다. 전문적인 학자가 아니라 오스트리아 시골 수도원의 한 수사였던 멘델로서는 자신의 연구 성과를 관련 학자들이 잘 이해하고 평가하도록 전달하는 데 한계가 있었을 것이다.

하지만 그가 한 연구의 역사적 의미를 고려할 때 당시 제대로 평가 받지 못한 것은 '결과 제시' 단계의 중요성을 일깨워준다. 멘델이 수도원장이 된 말년에 사람들은 아무런 주목을 받지 못한 멘델의 실험을 화제에 올렸다. 하지만 멘델은 "내 과학적 연구는 내게 큰 즐거움을 주었다. 그리고 머지않아 세상은 내 연구의 결과를 인정할 것이다"라고 말했는데 이 예언은 그의 논문이 발표된 뒤 34년 후에야 실현되었다. 멘델과 거의 같은 발상을 하고 유전의 법칙성을 규명하는 실험을 계획했던 유럽 학자들이 선행연구를 조사하다가 무명의 지방학회지에 실렸던 멘델의 논문을 발견해 유전의 법칙성을 이미 밝힌 멘델의 역사적 업적을 확인한 것이다.

이혼을 예측하는
수학자

신혼부부가 백년해로할지 아니면 이혼할지 예측할 수 있는 모델을 개발한다면
부부의 상담치료에 도움이 될 것이다.

데이터 분석의 목적은 현실에서 일어나는 문제를 데이터를 기반으로 해결하는 것이다. 다시 말해 문제와 관련된 데이터를 수집해 분석한 뒤 데이터에 숨어 있는 인사이트를 찾아내 문제해결에 활용하는 것이다. 그러려면 무엇보다 문제에 창의적으로 접근하는 시각이 필요하다. 결혼 관계가 성공적으로 지속될지를 부부간에 오가는 일련의 대화로 분석한 사례를 보자.

한 신혼부부가 신혼부부의 미래를 정확하게 예측해준다는 용한(?) 수학자에게 갔다. 그 수학자는 찾아온 신혼부부에게 15분간 대화하도록 했다. 그 대화에 이혼예측모델을 적용해 바로 분석한 수학자는 신혼부부에게 "당신들은 어차피 나중에 이혼하게 되니까 차라리 지금

바로 이혼하는 편이 낫다"라고 조언했다. 이 수학자의 예측은 100%에 가까울 만큼 정확하다고 알려져 있었다. 당신이 이 신혼부부라면 어떻게 하겠는가?

이혼율은 대부분 나라에서 증가하고 있는데, 특히 여러 선진국에서는 이혼율이 거의 50%나 된다고 한다. 이혼에 대한 연구는 심리학, 가정학 등 다양한 영역에서 많이 축적되어 있지만 이혼을 예측한 연구는 없었다. 신혼부부가 백년해로할지 아니면 이혼할지 예측할 수 있는 모델을 개발한다면 부부관계에 대한 통찰력을 제공하고, 문제가 있는 부부의 상담치료에도 도움이 될 것이다.

심리학자 존 가트맨John Gottman과 수학자 제임스 머리James Murray 교수는 부부가 논쟁할 때 주고받는 말에 주목했다. 주고받는 말로 마음에 조금씩 금이 간다면 기간이 지남에 따라 결국 파국을 맞을 확률이 높아질 거라고 판단한 것이다. 그래서 대화나 논쟁에서 오가는 말에 포함된 긍정적 표현과 부정적 표현을 조사해 그중에서 '애정, 기쁨, 유머, 의견일치, 관심, 화, 거만, 슬픔, 울음, 호전성, 방어, 회피, 혐오, 모욕' 등 14개 변수를 선정했다.

데이터는 막 결혼한 신혼부부 700쌍을 대상으로 실험해서 사례를 수집했다. 신혼부부를 방 안에서 마주 앉도록 한 뒤 돈, 성(性), 시댁 문제 등 평소 둘 사이를 틀어지게 하는 주제에 대해 15분 동안 대화하도록 했다. 녹음된 대화를 분석해 무엇을 말했느냐에 따라 남편과 아내에게 각각 다음과 같이 +4점에서 −4점 사이의 점수를 부여했다.

- 애정(affection), 기쁨(joy), 유머(humor), 의견일치(agreement): +4
- 관심(interest): +2
- 화(anger), 거만(domineering), 슬픔(sadness), 울음(whining): −1
- 호전성(belligerence), 방어(defensiveness), 회피(stonewalling): −2
- 혐오(disgust): −3
- 모욕(contempt): −4

데이터 분석에서 핵심은 대화에 나타나는 긍정적 상호작용과 부정적 상호작용의 비율이었다. 부부 각각의 측정점수를 차이방정식difference equation model이라는 수학모델에 입력한 뒤 그 결과를 그래프로 나타냈다. 그래프에서 남자의 선line과 여자의 선은 그들이 어떻게 상호작용하는지를 나타내며, 두 선이 만나는 위치는 결혼 실패 확률로 분석되었다. 긍정적 상호작용과 부정적 상호작용의 비율이 5:1 이하로 떨어지면 실패 확률이 높아졌다. 이런 분석으로 신혼부부 700쌍을 다음과 같은 5개 그룹으로 분류했다.

- **유효 부부**(validating couple): 조용하고 친밀하며 서로 배려해주고 경험을 공유하는 친구 같은 관계임

- **회피 부부**(avoiders): 충돌이나 마찰을 의도적으로 회피하는 부부로, 배우자에게 언제나 긍정적으로만 반응함

- **불안정 부부**(volatile couple): 낭만적이고 열정적이지만 논쟁을 심하게 하는 부부로, 안정과 불안정이 섞여 있으나 일반적으로 행복하지 않은 관계를 유지함

- **적대적 부부**(hostile couple): 한 배우자가 논쟁거리에 대해 말하기 싫어하고 상대방도 이에 동의하는 관계로, 부부 사이에 대화가 거의 없음

- **적대적·고립 부부**(hostile—detached couple): 한 배우자는 화를 잘 내고 논쟁을 하고 싶어하지만, 상대방은 논쟁에 무관심함

각 그룹의 특성을 바탕으로 연구자들은 유효부부와 회피부부는 이혼하지 않고, 적대적 부부와 적대적·고립 부부는 이혼하리라고 예측했으며, 불안정 부부는 행복하지 않은 결혼생활을 유지하지만 이혼은 하지 않을 걸로 예측했다.

이러한 예측의 정확성을 확인하기 위해 연구자들은 실험 이후 12년에 걸쳐 1~2년 간격을 두고 실험에 참가한 부부에게 연락해서 이혼 여부를 확인했다. 최종적으로 12년 후에 확인한 결과, 신혼부부 700쌍의 이혼 여부에 대한 예측은 놀랍게도 94% 적중했다. 예측이 100% 완벽하지 않고 약간 오차가 난 것은, 이혼은 하지 않은 상태로 불행한 결혼생활을 유지하리라고 예상했던 불안정 부부 중 일부가 실제로는 이혼해버렸기 때문이다.

분석결과는 『결혼의 수학: 동적 비선형 모델The Mathematics of Marriage: Dynamic Nonlinear Models』이라는 제목으로 출간되었다. 이 연구는 이혼을 불러오는 부부간 파괴적 의사소통 패턴을 극복하는 새로운 방법을 제시하기에 많은 상담치료사와 부부 교육 프로그램에서 효과적으로 활용하고 있다.

"우려한 대로 이번의 빅데이터 TF(task force)도 어떤
결과를 도출하지 못했습니다."
"이번이 벌써 3번째 TF인데도 결과는 마찬가지였습
니다."
"왜 이런 실패가 반복되나요? 도대체 무엇이 잘못
되었나요?"
왜 기업들은 이런 어려움을 겪을까? 기업 내에서
'빅데이터를 바라보는 관점'이 다르기 때문이다.

7장

디지털 전환의 어려움과 극복 방안

데이터 낭비자 또는 데이터 수집가

대부분의 기업이 데이터 수집 자체를 하지 않거나, 수집한다고 해도
그냥 저장하는 것 이외에 다른 활용은 하지 않는다.

이제 기업은 이 시대의 5대 핵심기술인 소셜 미디어, 모바일, 사물
인터넷, 클라우드, 빅데이터 분석(기계학습)을 자기 사업을 혁신하는
도구로 활용해 비즈니스를 차별화하고 경쟁력을 획기적으로 높여야
한다. 이런 시각에서 볼 때 우리 기업의 현실은 어떤가? 데이터 분석
측면에서 기업은 〈그림 7-1〉과 같이 구분할 수 있는데 유형별 특징은
다음과 같이 요약할 수 있다.

'데이터 낭비 기업'은 어느 산업에서나 쉽게 찾아볼 수 있는 유형으
로, 데이터 수집 자체를 하지 않거나 수집해도 거의 활용하지 않는다.
기업 임직원은 물론 경영자도 데이터의 전략적 활용에 아무 관심이
없다. '데이터 수집 기업'은 데이터의 중요성은 인식하나 정작 데이터

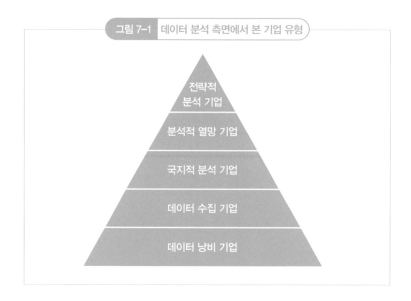

그림 7-1 데이터 분석 측면에서 본 기업 유형

전략적
분석 기업

분석적 열망 기업

국지적 분석 기업

데이터 수집 기업

데이터 낭비 기업

를 저장하는 것 이외에 다른 조치는 취하지 않는 유형이다. 안타까운 사실은 대부분의 기업이 데이터 낭비 유형이거나 저장만 하는 유형에 속한다는 것이다.

'국지적 분석 기업'은 내부 비즈니스 운영 상황을 잘 파악하기 위해 데이터를 국지적으로 활용하지만 IT 부서나 사업부서 사람들이 데이터의 전략적 활용성을 이해하지 못한다. '분석적 열망 기업'은 빅데이터의 중요성을 알며 전략적 의사결정에 활용하려고 투자를 감행할 준비도 되어 있으나 선두 그룹에 비해 수준이 못 미치는 유형이다. 빅데이터의 전략적 활용성에 눈을 뜬 정보통신이나 소매산업의 일부 기업이 이 유형에 속한다.

'전략적 분석 기업'은 빅데이터를 전략적으로 이용할 뿐만 아니라 매우 수준 높은 역량을 보유하고 있다. 제조업체나 금융 서비스 또는 온라인 유통 기업들이 이 그룹에 속할 확률이 높다. 수집한 데이터 상당 부분을 활용하며 잠재가치를 확보하려고 새로 등장하는 데이터들의 활용성을 계속 탐색한다.

그렇다면 왜 많은 기업이 데이터 낭비자 또는 수집가에 머무를까? 왜 많은 기업이 데이터를 낭비하거나 그저 쌓아놓기만 할까? 데이터를 적극적으로 활용할 의지가 없는데도 데이터는 자동으로 계속 쌓이기 때문이다. 온라인, 모바일, SNS, 센서 등이 보편화되면서 기업들이 데이터 분석 의지(데이터를 어디에 어떻게 활용하겠다는)를 미처 갖기도 전에 이미 업무와 고객에 대한 데이터가 엄청나게 쌓이는 것이다.*

> 그 어느 때보다 기업이 마음대로 사용할 수 있는 것보다 더 많은 데이터를 갖고 있지만 그 데이터로 무엇을 할지는 거의 알지 못한다. 기업 시스템 안의 데이터는 종종 다락방에 보관된 사진 박스, 마구 뒤섞인 상태에서 어느 날 정리될 날만 기다리는 박스와 같다. 더군다나 (데이터 정리와 분석을 해야 하는) 대다수 IT 부서들은 기본적 거래 역량의 유지와 지속적 지원에 과도한 자원을 투자하며 최소한의 서비스 요구를 만족시키는 데 급급한 것이 안타까운 현실이다. … 요약하면, 데이터를 저장하는 기술력의 진보는 놀랍지만 대부분 기업의 데이터 관리, 분석, 적용 역량은 저장 기술의 진보 속도를 따라가지 못하고 있다.

---

* Thomas Davenport & Jeanne G. Harris, "Data Scientist: The Sexiest Job of the 21st Century", 153~154쪽.

디지털 전환의 목표와 현실

2016년 봄 바둑 대결에서 알파고가 이세돌 9단에게 압승을 거둔 이후
기업의 비즈니스를 디지털화해 전략적 차원에서
디지털 혁신을 구체화하려는 움직임에 가속도가 붙기 시작했다.

2016년 다보스포럼에서 제4차 산업혁명이 이슈가 된 이후 기업들의 빅데이터에 대한 관심이 부쩍 높아졌다. 더욱이 2016년 봄 바둑 대결에서 알파고가 이세돌 9단에게 압승을 거둔 역사적 사건은 빅데이터 분석의 핵심 엔진인 인공지능(기계학습)의 막강한 위력(?)을 과시했다.

그 이후 기업의 비즈니스를 디지털화해 전략적 차원에서 혁신을 구체화하려는 움직임에 가속도가 붙기 시작했다. 다양한 기업의 경영자 특강과 토론에서 확인한 바에 따르면 대부분의 기업에서 디지털 전환의 목표는 프로세스 혁신, 개인화 추천, 챗봇 서비스, 이렇게 세 가지로 요약할 수 있다.*

⊶ 프로세스 혁신

프로세스 혁신process innovation은 구매, 제품개발, 생산, 마케팅, 재무회계 등 기업 전 부문에 걸쳐 업무체계와 조직을 혁신해 효율을 증대하거나 비용·위험을 감소시키려는 활동을 말한다. 기업의 경쟁우위는 결국 비즈니스의 다양한 영역에서 1~2%를 증대하거나 감소하는 것이다. 예를 들면 원가, 수율, 이상탐지, 새로운 기회 포착(서비스 또는 상품 개발) 등의 측면에서 경쟁기업보다 1~2%를 높이거나 낮추는 것이 바로 경쟁우위다. 그리고 기업 내외부에 데이터가 넘쳐나는 빅데이터 시대에는 그러한 경쟁우위를 달성할 안성맞춤 수단이 바로 데이터 분석이다.

⊶ 개인화 추천

개인화 추천personalized recommendation은 특정 상품이나 서비스를 구매할 확률이 높은 고객을 예측해 그 고객에게 해당 상품이나 서비스를 추천하는 것이다. 인터넷 쇼핑의 빠른 성장으로 소비자들은 상품과 서비스의 바다에서 자신들이 원하는 것을 효과적으로 찾아야 하는 문제에 직면했다. 이런 정보의 과부하를 해소하는 동시에 매출을 증대하

＊ 이 세 가지 목표는 B2C 기업의 경우에 해당한다. 제조업 등 B2B 기업은 스마트 공장을 구현해 프로세스 혁신과 조기 이상탐지를 하는 것이 주된 목표다.

는 수단으로 기업들은 다양한 추천 시스템을 개발해 활용한다. 이제 개인화 추천은 다양한 분야에서 광범위하게 활용되며 기업의 성패를 좌우하는 수단이자 핵심 자산이 되고 있다.

챗봇 서비스

챗봇은 채팅^{chatting}과 로봇^{robot}의 합성어로 채팅하는 로봇, 즉 사람의 질문에 알맞은 답이나 각종 연관 정보를 제공하는 인공지능 기반 대화 소프트웨어를 말한다. 웹이나 애플리케이션을 따로 실행하지 않고도 대화하듯 정보를 편리하게 얻을 수 있어 쇼핑, 호텔 예약, 뉴스 확인 및 법률 상담 등 사용 범위가 점차 확대되고 있다. 특히 개인화 추천을 챗봇 서비스$^{chatbot\ service}$로 제공하면 고객에게 편리함과 함께 색다른 사용자 경험을 제공할 수 있어 기업들은 챗봇 서비스를 디지털 전환의 궁극적 목표로 삼고 있다.

이 세 가지 구체적 목표로 추진되는 기업들의 디지털 전환은 계획대로 잘 진행되고 있을까? 기업들은 이런 전략적 전환을 어려움 없이 잘 추진하고 있는가? 그 대답은 매우 부정적일 수밖에 없다. 기업들은 빅데이터를 도입해 디지털 전환을 구체화하는 데 많은 어려움을 겪고 있다. 심지어 이를 추진하는 TF$^{task\ force}$ 활동조차 시작부터 삐거덕대며 진전되지 않거나, 진행되더라도 제대로 된 결과를 내지 못하고 실패하는 경우가 대부분이다. 사례를 각각 들어보자.

다음은 TF 활동에서부터 진전이 되지 않자 필자에게 도움을 청한 이메일의 일부분이다.

다음은 교수님께 구체적인 지도를 요청하는 사항입니다.
1) 현재 운영 중인 빅데이터 사업주제 선정을 위한 협의체(TF)의 운영방안
2) 빅데이터 협의체 구성원이 목표 달성을 위해 노력해야 하는 분야
3) 빅데이터 사업주제 발굴을 위한 효과적인 방법론
4) 빅데이터 사업추진을 위한 과정에 대한 조언

...

교수님께서는 컨설팅보다는 잘 짜인 방법론에 의거하여 직원들의 힘만으로 사업추진을 하는 것이 이상적이라고 추가적인 조언을 해주셨습니다. 교수님 말씀의 요지는 이해하겠으나 실제로 추진하기에는 막막하여 팁을 요청드립니다.

다음은 TF를 여러 번 진행했지만 제대로 된 결과를 내지 못하자 도움을 요청했던 이메일 일부분이다.

우려한 대로 이번의 빅데이터 TF도 제대로 된 결과를 도출하지 못했습니다.
이번이 벌써 3번째 TF인데도 결과는 마찬가지였습니다.
왜 이런 실패가 반복되는지요? 도대체 무엇이 시작부터 잘못되었는지요?
교수님의 도움을 요청드립니다.

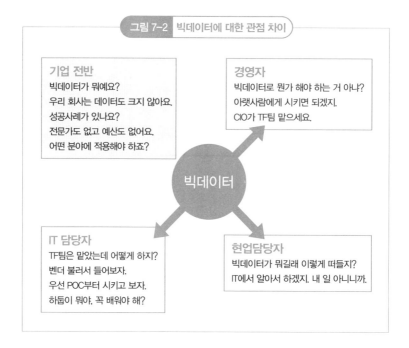

그림 7-2 빅데이터에 대한 관점 차이

기업 전반
빅데이터가 뭐예요?
우리 회사는 데이터도 크지 않아요.
성공사례가 있나요?
전문가도 없고 예산도 없어요.
어떤 분야에 적용해야 하죠?

경영자
빅데이터로 뭔가 해야 하는 거 아냐?
아랫사람에게 시키면 되겠지.
CIO가 TF팀 맡으세요.

빅데이터

IT 담당자
TF팀은 맡았는데 어떻게 하지?
벤더 불러서 들어보자.
우선 POC부터 시키고 보자.
하둡이 뭐야. 꼭 배워야 해?

현업담당자
빅데이터가 뭐길래 이렇게 떠들지?
IT에서 알아서 하겠지. 내 일 아니니까.

왜 기업들은 위와 같은 어려움을 겪을까? 무엇이 문제이기에 이런 어려움이 반복되는 것일까? 그 이유에 대해서는 여러 의견이 있겠지만 '기업 내에서 빅데이터를 바라보는 관점'이 다르기 때문이라는 지적에 동의한다. 이 설명을 간단히 요약하면 〈그림 7-2〉와 같다.

〈그림 7-2〉에 나타난 시각 차이를 따라가 보자. 많은 매체에서 4차 산업혁명, 빅데이터 등을 자주 접한 경영자는 '우리도 빅데이터로 뭔가 해야 하지 않나' 하는 의무감 또는 압박감을 느끼게 된다. 그러면 경영자는 늘 그렇듯이 아랫사람에게 시키면 되겠지 하는 생각에, 또한 빅데이터는 IT가 담당하면 된다는 생각에 IT 부서에 TF를 맡긴다.

그런데 IT 부서는 해당 기업의 IT서비스 요구를 최소한으로 충족하는 업무를 처리하기에도 벅차서 새로 맡은 빅데이터 TF를 주도해 나갈 여력이 없다. 그래서 다양한 솔루션을 제공하는 외부업체^{vendor}를 불러 그들의 해법을 들어보기도, 하고 개념 증명^{POC; proof of concept*}을 시켜보기도 한다.

한편 TF에서 배제된 현업 부서는 이제 빅데이터 프로젝트는 IT에서 알아서 하라면서 완전히 손을 놓는다. 빅데이터 프로젝트가 현업 문제를 풀려는 것인데, 현업 부서가 제외된 상태에서 현업 문제를 모르는 IT 부서가 TF를 담당하면서 무엇을 할지 몰라 헤매는 상황이 만들어지는 것이다. 기업 전반의 분위기도 빅데이터 프로젝트에는 매우 회의적이다. 우리 회사의 데이터가 빅데이터가 될 만큼 많은지를 두고 쓸데없이 논쟁한다든지, 예산도 인력(전문가)도 없는데 어떻게 빅데이터를 도입하느냐고 부정적 시각으로 본다.

상황이 이렇다 보니 TF가 다양한 검토를 하기는 하지만 우선 부서 간 의사소통이 잘 안 돼 빅데이터 사업은 시작부터 어려움을 겪는다. 경영진은 빅데이터를 도입하라고 지시만 하면 그 후 진행은 다 잘되는 것으로 기대하기에 TF팀을 맡은 IT 부서만 머리를 싸매고 고민만 하게 된다.

어렵게 프로젝트를 시작한다 해도 특히 현업 부서는 남의 일이라

---

* 빅데이터 기술, 솔루션 등이 해당 기업의 빅데이터 문제를 해결할 수 있다는 증명 과정.

고 생각하는 등 부서 간 협조가 여전히 잘되지 않는다. 이런 식으로 진행되니 중간보고할 때쯤 되면 관련 부서에서 실망하기 시작하고, 마지막에는 '이건 아니다! 도대체 왜 이런 걸 이렇게 했지?'라고 노골적으로 불만을 표시한다. 결과적으로 빅데이터 도입이 완료되었더라도 정작 그것을 활용하는 부서가 없게 된다.

총알구멍이 없다는 건 무슨 의미?

사라진 총알구멍은 어디에 있을까? 만일 피해가 비행기 전체에 골고루 분포된다면 분명히 엔진 덮개에도 총알구멍이 있을 텐데 그것들은 어디로 사라졌을까?

빅데이터 도입을 IT 부서가 전적으로 책임지는 TF를 맡으면 다른 부서와 의사소통, 특히 현업과 의사소통이 원활하지 않게 된다. 그러면 TF 활동은 시작부터 삐거덕대며 진전되지 않거나 진행되더라도 제대로 된 결과를 내지 못하고 실패하기 쉽다. 이해하기 쉽게 역사적 사례를 들어보자.[*]

제2차 세계대전 중 유럽 상공에서 임무를 마치고 귀환하는 미군 폭격기[bomber]들에는 기체에 총알구멍이 많이 나 있었다. 독일 전투기 공

---

[*] 조던 엘런버그, 『틀리지 않는 법: 수학적 사고의 힘』, 김명남 역, 열린책들, 2016, 18~19쪽. 인용문 중에서 '데이터 분석'은 원문에서는 '수학'이었지만 문맥의 편의상 의역했다.

격으로 생긴 총알구멍이었다. 군 관계자들은 폭격기들이 적기에 총알을 맞더라도 격추되지 않도록 폭격기에 철판으로 된 갑옷, 즉 방탄판裝甲板, armor-plate을 두르려고 계획했다.

그러나 방탄판을 너무 많이 두르면 비행기가 무거워지고 느려져 적기의 공격에 더욱 취약하게 된다. 군 관계자들은 기체의 꼭 필요한 부분에만 방탄판을 두르기 위해 폭격기가 총알을 맞은 부분을 전부 조사했다. 조사 결과는 〈그림 7-3〉에서 보는 바와 같이 총알구멍이 기체 전체에 고르게 분포되지 않고 동체에 가장 많았다. 군 관계자들은 동체의 주요 부분에 방탄판을 두르기로 결론을 내렸다. 만약 군 관계자들의 결정대로 동체 주요 부분에만 방탄판을 둘렀다면 이는 두고 두고 역사에 웃음거리로 남았을 것이다. 이 결론을 뒤집은 사람은 컬럼비아대학교 통계학 교수 에이브러햄 발드Abraham Wald였다.

그림 7-3 폭격기 기체의 총알구멍 분포

출처: Cameron Moll

당시 그는 미국 통계학자들이 전쟁을 지원하는 기밀 프로그램인 통계연구그룹SRG 일원이었다. 그가 처음으로 한 일은 현업 조종사들과 이 문제에 대해, 즉 어디에 방탄판을 둘러야 하는지를 두고 토론한 것이다. 이는 총알구멍 데이터가 의미하는 상황과 맥락을 이해하려는 것이었다.

이 과정에서 발드는 '사라진 총알구멍들은 어디에 있을까? 만일 피해가 비행기 전체에 골고루 분포된다면 분명히 엔진 덮개에도 총알구멍이 있을 텐데 그것들은 어디로 사라졌을까?'라는 의문을 품었다. 발드는 '사라진 총알구멍들은 사라진 비행기에 있었다. 엔진에 총알을 많이 맞은 비행기들은 돌아오지 못했다'라는 통찰을 얻었다. 동체에 총알구멍이 많다는 것은 동체에 입은 타격은 견딜 만하다는 것이었고, 엔진 덮개에 총알구멍이 적다는 것은 엔진에 총알을 많이 맞은 비행기들은 돌아오지 못했기 때문이었다.

발드는 방탄판을 총알구멍이 많이 난 동체에 두르는 것이 아니라 총알구멍이 없는 엔진 덮개에 둘러야 한다고 권고했다. 발드의 권고는 즉각 받아들여졌고, 미 해군과 공군은 나중에 한국전쟁과 베트남전쟁에서도 계속 그 조언을 따랐다.

경영자 자신이
변해야 한다

이제 경영자는 데이터 분석을 바탕으로 경쟁우위를 확보·유지하겠다는
신념과 강한 의지를 확고하게 갖고 디지털 혁신을 진두지휘해야 한다.

기업들이 디지털 전환을 추진할 때 겪는 어려움을 어떻게 극복할
수 있을까? 디지털 전환은 비즈니스를 조금 개선하는 정도가 아니라
거의 재창조하는 변화를 해야 한다. 그러려면 경영자 자신이 바뀌어
야 하고, 분석적인 조직문화를 조성해야 하며, 분석 전문인력을 확보
해야 한다. 먼저 경영자는 어떻게 변해야 하는지 살펴보자.

데이터 기반 경영의 확고한 신념을 가져라

대부분의 리더는 다양한 경험 속에서 산전수전을 다 겪으며 그 자
리에 올랐으므로 독선적인 경향이 강하다. 심지어 "내가 해봐서 아는

데…"라고 말하면서 다른 의견에는 귀를 기울이지 않는 일도 있다. 하지만 기업 환경이 스마트폰, SNS, 모바일, 클라우드, 빅데이터로 빠르게 변화한 상황에서 넘쳐나는 데이터를 경쟁우위 수단으로 삼지 않는다면 곧 도태될 수밖에 없다.

이제 경영자는 데이터 분석을 바탕으로 경쟁우위를 확보·유지하려는 신념을 확고하게 갖고 디지털 혁신을 진두지휘해야 한다. 디지털 혁신은 비즈니스 모델, 조직, 운영관리 등 기업 전반을 변화시키는 것으로, 이런 변화는 경영자가 꼭 해내겠다는 절박감과 강한 의지를 갖고 적극적으로 추진해야만 실현되기 때문이다.

경험이나 감에 의한 의사결정 방식을 버려라

대부분의 경영자는 자기 경험이나 감을 바탕으로 의사결정을 하고, 그런 방식의 결정을 자랑하고 신뢰한다. 특히 중요한 결정은 더욱더 직관으로 내린다. 지금까지 그래왔고, 그래서 지금 리더 자리에 올랐기 때문이다. 하지만 감에 의존한 의사결정이 데이터에 근거한 의사결정보다 효율이 매우 낮다는 것은 모두가 인정하는 사실이다.

디지털 혁신을 하려는 경영자는 반드시 데이터에 근거해 의사결정하는 습관을 들여야 한다. 감에 따라 의사결정하는 경영자가 직원들에게 데이터(사실)에 근거해 의사결정하라고 시킬 리는 만무하다. 습관적으로 감에 따라 의사결정을 하는 버릇과 충동을 극복하는 것이 디지털 전환 시대에 경영자가 갖춰야 할 필수 덕목이다.

디지털 혁신을 위해 가장 중요하고 비용도 들지 않는 출발점이 있다. 경영자가 직원들에게 숫자를 요구하는 것이다. 데이터에 근거하지 않은 보고는 받지 말고 그냥 던져버려라. 경영자가 매일매일 받는 보고(서)에는 종종 문제해결 대책이나 제안이 들어 있다. 하지만 그 제안이 데이터에 근거하지 않았다면 아예 보고서를 읽지도 마라. 정확한 증거에 입각해 보고와 의사소통을 하는 환경을 조성하려면 경영자가 먼저 데이터를 요구해야 하기 때문이다.

데이터에 근거한 보고서에는 무엇에 대해, 어떤 과정을 거쳐, 어떻게 생각하느냐가 함축되어 있으므로 그 주장을 객관적으로 판단할 수 있다. 디지털 혁신의 핵심적 토대는 기업의 문제를 데이터를 기반으로 해결하려는 것이다. 바람직하지 않은 현상이 나타나는 원인을, 성과나 실적이 부진한 근본적 이유를 데이터에서 찾고 대책을 제시하는 보고서를 직원들에게 요구하는 습관은 디지털 혁신을 추진하려는 경영자에게는 없어서는 안 될 유전자이며, 비용 제로의 강력한 엔진이기도 하다.

경영자가 일관되게 숫자를 요구한다면 직원들은 데이터 분석을 배울 수밖에 없고, 데이터 기반 의사소통과 의사결정 체계가 기업에 빠르게 확산될 것이다. 어떤 제안이나 대책을 주장하는 직원은 누구나 데이터 분석으로 얻은 증거를 함께 제시해야 하는 것이다.

⊶—● 최소한의 필요한 분석적 지식을 익혀라

분석으로 경쟁하는 경영자가 되려면 통계나 IT와 관련된 분석적 지식을 얼마나 알아야 할까? 물론 학교에서 관련 전공을 했고 분석전문가와 맞먹는 능력을 갖췄다면 분명 큰 도움이 될 것이다. 하지만 분석지향 경영자들이 모두 이런 분석적 배경이 있는 것은 아니다. 분석 지향 경영자에게는 데이터와 분석의 효용에 대한 강한 확신과 직원들을 분석적으로 생각하고 행동하게끔 밀어붙일 의지와 용기가 있으면 그것으로 충분하다.

물론 분석의 주요 단계에서 여러 관련 이슈를 함께 고민하고 토론할 때 그 이슈와 내용을 이해할 정도의 지식을 경영자가 갖춘다면 이상적일 것이다. 그런 측면에서 경영자도 필요 시 최소한의 분석적 지식을 익히려는 자세를 가져야 한다. 특히 데이터 관련 이슈들(수집, 가공, 저장 등)과 왜, 언제, 어떤 기법을 사용하는지에 대한 기초만이라도 공부한다면 직원들과 문제를 해결하는 과정에서 편하게 토론할 수 있다.

⊶—● 장기적 투자임을 잊지마라

디지털 혁신은 원타임$^{one-time}$ 프로젝트가 아니라 장기간을 요구하는 노력이다. 원타임 프로젝트는 도입을 결정하면 투자해서 구축하면 되는 프로젝트로 그 이후에는 통상적인 유지·보수만 필요하다. 하지만 빅데이터 프로젝트는 새로운 데이터가 계속 입력되므로 이를 처리하는 인프라를 개선해야 하며, 분석 모델도 계속 업데이트해야 한다. 또한 분석결과를 실행하면서 그 활용 현장에서 습득한 노하우가 분석에 다시 적용되어야 한다.

새로운 테마가 주어지거나 개발될 때마다 이런 과정이 반복되면서 계속 분석하고 예측하는 것이 빅데이터 프로젝트다. 결과적으로 평가지표로 단기적 실적을 평가하는 ROI[return on investment]를 적용하는 것은 적절하지 않고, 다양한 비전통적 지표로 진행과정을 평가해야 한다.

진행을 지속적으로 체크하라

디지털 전환은 비즈니스의 중심인 임직원, 업무 프로세스, 기술이 변해야 하는 중요한 혁신이므로 경영자의 지속적 관심과 지원이 필수적이다. 혁신 방향이 올바른지, 목표한 대로 제대로 가는지, 앞으로 예상되는 어려움은 무엇이고 어떻게 극복할지 등을 관계자들과 지속적으로 논의하고 토론해야 한다.

지속적이라는 의미는 최소한 일주일에 한 번은 이런 미팅을 해야 한다는 뜻이다. 아무리 바쁜 경영자라도 초기에는 매주 디지털 혁신 관련 회의를 하겠지만, 시간이 지남에 따라 그 빈도는 줄어들 테고 그러면 그만큼 디지털 전환도 더뎌질 것이다.

분석적 기업문화를
조성해야 한다

분석적 기업문화를 조성한다는 것은 기업 내 전 구성원의 태도나
업무 프로세스에서 데이터에 근거한 의사결정을 일상화한다는 의미다.

기업 전체 측면에서도 우리 기업들은 데이터 분석에 대한 열의가
없다. 그 결과 대부분 기업에서 직원들의 분석에 대한 느낌과 생각은
다음과 같이 전혀 긍정적이지 못한 것이 현실이다.

- 데이터는 여기저기 있는데 뭘 어떻게 봐야 하죠?
- 중요한 수치는 확인하지만 그것으로 실제로 뭘 하지요?
- 바빠서 분석할 시간 없고요, 위에서 별로 분석을 요구하지도 않아요.
- 분석이라뇨? 우리가 할 필요 없잖아요? 필요하면 외부에 시키면 되지.
- 외부에 시켜서 상세한 보고서를 받아도 너무 어려워서 읽지도 않아요.
- 큰 비용을 들여서 데이터를 수집하고 해석해봤지만 기대했던 것보다 큰 효과도
  없어요.

기업 활동이 대부분 전사적자원관리ERP; Enterprise Resource Planning나 고객관계관리CRM; customer relationship management 등으로 포착되므로 데이터가 있기는 하지만 분석할 의사나 동기가 없거나 분석하려고 해도 시간이나 인원, 분석에 관한 노하우가 없다. 결론적으로 데이터를 체계적으로 관리·분석해 다양한 의사결정에 활용함으로써 성과를 크게 올릴 기회를 많은 기업이 놓치는 것이다.

이런 현실에서 경영자가 디지털 전환을 강조하는 것만으로는 기업이 분석 지향적으로 되지 않는다. "기업문화는 기업 전략을 아침으로 먹는다." 경영 구루 피터 드러커Peter Drucker가 한 말이다. 아무리 좋은 전략이 있어도 그것을 뒷받침해주는 기업문화가 없으면 소용이 없다는 의미다.

디지털 전환이 성공하려면 모든 직원의 태도, 업무 프로세스, 행동·기술이 변해야 하는데 이런 변화는 결코 우연히 일어나지 않는다. 분석적 기업문화를 조성한다는 것은 기업 내 전 구성원이 데이터에 근거한data-driven 의사결정을 일상화한다는 의미다.

기업문화는 기업의 전략과 비즈니스 모델, 리더십, 프로세스, 조직 구조, 인력, 고과·보상 체계 등이 오랜 기간 상호작용해 형성된 것으로 의사소통과 의사결정 방식 등 조직이 숨 쉬고 생활하는 방식을 좌우한다. 그래서 한번 형성된 기업문화는 바꾸기가 매우 어려워 분석적 기업문화를 조성하려면 신중하고 체계적인 계획과 접근이 필요하다.

현실적으로 기업 내에서는 다양한 직원이 분석에 노출되어 있다. IT 부서는 분석을 알아서 분석에 용이한 포맷으로 데이터를 저장·관리할 수 있다. 인사팀도 분석을 이해해야 분석능력이 있는 사람들을 제대로 채용할 수 있다. 상품·서비스 개인화 추천을 받은 고객이 마케팅 직원에게 어떤 방식으로 자신에게 이것을 추천하느냐고 물을 수도 있다. 데이터 분석에 바탕을 둔 의사결정이 효과적으로 실행되려면 전문성을 갖춘 소수의 '분석 전문가'에게만 분석을 맡길 것이 아니라 구성원들이 폭넓은 분석역량을 갖춰야 한다. 데이터 분석이 기업 내 각 부문의 일상 업무에 새겨져 있어야 하는 것이다. 다음은 분석적 기업문화를 조성하는 최소한 네 가지 방안이다.

보고서에 데이터 분석이 포함되게 하라

디지털 혁신을 위해 가장 중요하고 비용도 들지 않는 출발점으로 경영자는 숫자를 요구하라고, 데이터에 근거하지 않은 보고는 받지 말라고 앞에서 제안했다. 숫자에는 무엇에 대해, 어떤 과정을 거쳐, 어떻게 생각하느냐가 함축되어 있으므로 그 제안을 객관적으로 판단할 수 있기 때문이다.

그 연장선에서 리더가 매일매일 받는 보고(서) 형식도 아예 데이터에 근거한 대책이 들어 있도록 바꾸는 것이 좋다. 바람직하지 않은 현상이 나타나는 원인을, 성과나 실적이 부진한 근본적 이유를 데이터에서 찾고 또한 데이터 분석에 기반해 대책을 제시하는 보고서가 되도록 하려는 것이다.

분석 경영 콘테스트를 열어라

다양한 기업 현안에 대한 분석결과를 발표하고 시상하는 콘테스트는 분석적 조직문화를 장려하고 전파하는 좋은 방법이다. 우선 부문별 또는 기업 전체 수준의 현안을 주기적으로 모아서 직원들이 알 수 있게 게시한다. 직원들은 그중에서 원하는 현안을 선택해 개인별로 또는 팀을 짜서 데이터 분석적으로 문제해결에 도전한다. 분석결과는 분기별 또는 반기별로 임직원이 모두 참여하는 발표대회를 열고 우수 연구자를 포상한다. 분석 경영 콘테스트는 기업의 다양한 현안을 분석적으로 해결할 수 있을 뿐만 아니라 기업 전반에 분석적 조직문화를 전파하는 데 매우 효과적이다.

분석 지원 체계를 수립하라

이상적인 분석적 기업문화는 대부분 직원이 데이터나 분석을 직무에서 활용하며, 그것들을 바탕으로 의사결정을 하고, 기업 내에서 데이터와 분석의 옹호자가 되는 것이다. 하지만 분석능력 측면에서 대부분 직원은 매우 제한된 지식을 갖고 있다. 그러므로 직원들이 분석적 접근 과정에서 겪는 어려움을 해소하고, 분석능력을 높이는 다음과 같은 지원 체계를 갖추어야 한다.

첫째, 다양한 통계분석도구(하드웨어, 소프트웨어 솔루션 등)를 기업 내에 구비해 직원들이 분석을 쉽게 할 수 있게 하는 것이 필수적이다.

둘째, 분석 지원 팀(풀타임 또는 파트타임)을 운영해서 직원들이 필요한 경우 어느 때나 분석에 관한 전문적 도움을 받을 수 있게 하는 것이다.

셋째, 외부 전문가 또는 전문기관과 제휴해 분석에 모멘텀을 얻는 것이다. 기업 내에 어떤 현안이 있는지 알려주고 학생들이 연구할 수 있게 데이터를 제공한다든지, 회사 내에 인턴 프로그램을 만들어 학생들을 활용한다든지, 아예 구체적 연구 프로젝트를 만들어 직원들과 공동 추진하게 할 수도 있다.

분석적 역량과 노력을 측정하고 보상하라

기업문화 형성에서 중요한 요소 중 하나는 고과·보상 체계다. 직원들로 하여금 분석적으로 일하도록 적절히 동기를 부여하려면 분석적 역량과 노력을 적절히 측정하고 보상하는 것이 필수적이다. 하지만 대부분의 기업에서 분석적 역량이나 노력은 고과항목에 들어 있지 않다.

"측정되는 것만이 (개선되도록) 관리된다."

경영 구루 피터 드러커의 말이다. 이를 위해서는 잘 정의된 분석적 목표를 수립해야 하고, 객관적으로 측정해 보상할 수 있도록 고과체계를 보완하고 실행해야 한다.

분석 전문 인력을
확보하라

지금 기업에서는 그야말로 AI 전문가를 확보하려고 전쟁을 벌이고 있다.
심지어 백지수표로 모셔간다는 얘기도 나오고 있다.

디지털 전환이 성공하려면 '데이터 사이언티스트'라고 불리는 분석
전문 인력을 확보하는 것이 필수적이다. AI 빅데이터 시대에 유능한
AI 빅데이터 전문가를 확보하는 것이 기업의 경쟁력과 직결되기 때
문이다. 하지만 분석 전문 인력에 대한 수요보다 공급이 크게 부족해
서 전 세계적으로 분석 인력 스카우트 경쟁이 벌어지고 있다. 다음 두
기사의 제목은 그 치열한 채용 전쟁의 단면을 보여준다.

- 데이터 사이언티스트 어디 없소… 몸값 폭등 예고[*]
- 백지수표로 모셔간다… 인공지능 전문가 스카우트 전쟁[**]

유능한 전문 인력을 확보해 인공지능의 위대한 도전에서 승리한 유명한 사례를 보자. 바로 알파고 개발에 얽힌 이야기다. 바둑은 인공지능에서 '위대한 도전grand challenge'이라고 불렸다. 다른 모든 게임은 인공지능이 정복했지만 바둑에서만은 인공지능 바둑이 프로바둑기사를 이기는 것이 불가능할 정도로 어려웠기 때문이다. 바둑 경기에는 경우의 수가 너무 많아서 알고리즘으로 가장 최선의 수를 찾는 것이 당시에는 불가능했다.[***] 가장 뛰어난 인공지능 바둑도 실력 면에서는 아마추어 수준에 불과했다. 구글과 페이스북은 이 위대한 도전을 먼저 해결함으로써 이 시대 최고 기업임을 증명하려고 치열하게 경쟁했다.

특히 페이스북 CEO 저커버그는 이 문제를 페이스북이 해결함으로써 갖가지 스캔들로 훼손된 페이스북의 이미지를 만회하고자 했다. 그리고 저커버그는 구글을 이길 수 있다는 자신에 차 있었던 것 같다. 예를 들어 저커버그는 페이스북이 이 위대한 도전을 거의 다 풀어가고 있고we're getting close, 이를 담당하는 페이스북 인공지능 연구소FAIR; Facebook AI Research의 유안동 티안Yuandong Tian이 자신의 책상 바로 옆에서 일한다는 메시지를 페이스북에 올리기도 했다(2016년 1월 27일).

---

* 아시아경제, 2017. 4. 20.
** 조선비즈, 2018. 4. 6.
*** 전체 우주에 500조 개 은하계가 있고, 각각의 은하계에는 400조 개 별이 있으며, 별의 평균 무게는 10^{35} 그램이고, 1그램에는 10^{24}개 광자(proton)가 있다고 한다. 따라서 전체 우주에 있는 광자 수는 약 10^{86}개다. 이에 비해 바둑의 경우의 수는 평균적으로 약 10^{360}개다.

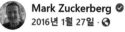

Mark Zuckerberg ✔
2016년 1월 27일 · 🌐

The ancient Chinese game of Go is one of the last games where the best human players can still beat the best artificial intelligence players. Last year, the Facebook AI Research team started creating an AI that can learn to play Go.

Scientists have been trying to teach computers to win at Go for 20 years. We're getting close, and in the past six months we've built an AI that can make moves in as fast as 0.1 seconds and still be as good as previous systems that took years to build.

Our AI combines a search-based approach that models every possible move as the game progresses along with a pattern matching system built by our computer vision team.

The researcher who works on this, Yuandong Tian, sits about 20 feet from my desk. I love having our AI team right near me so I can learn from what they're working on.

You can learn more about this research here:
http://arxiv.org/abs/1511.06410

그러나 구글 딥마인드는 이미 3개월 전(2015년 10월) 알파고 개발을 완료하고 프랑스에서 활동 중인 판 후이[Fan Hui] 2단과 비밀리에 대국을 벌여 5:0으로 완승했다. 구글 딥마인드는 알파고에 관한 논문*을 저커버크가 페이스북에 메시지를 올린 뒤(2016년 1월 27일) 〈네이처[Nature]〉에 게재했고, 이로써 이 위대한 도전은 구글의 승리로 막을 내린다.

구글이 이 위대한 도전에서 페이스북을 물리칠 수 있었던 것은 딥마인드를 인수하려는 구글의 과감한 베팅 덕분이었다. 사실 딥마인드를 인수하려고 우선협상을 벌인 것은 페이스북이었다. 하지만 인수가격 때문에 협상은 결렬되었다. 딥마인드가 인수가격을 너무 높게 부르자 페이스북은 이 문제를 스스로 해결할 수 있다는 생각에 협상 결렬을 선언한 것이다.

구글에 기회가 왔고 구글은 딥마인드를 바로 인수했다.[**] 구글은 협상하지도 않고 아예 받고 싶은 액수를 써넣으라며 백지수표를 내밀었다. 정확한 인수 금액은 밝혀지지 않았지만 약 6억 달러(1,200억 원)라고 추정된다. 당시 딥마인드는 강화학습 알고리즘[DQN; Deep Q-Networks]을 개발한 20명 정도 전문 인력이 있는 작은 회사였다. 딥마인드에 대한 구글의 과감한 베팅에 많은 사람이 크게 놀랐지만 구글은 딥마인드를 인수한 지 1년 반 만에 알파고 개발을 끝내고 판 후이 2단을 5:0으로 격파했다.

알파고 등장 이후 인공지능과 빅데이터 분야에서 전문 인력에 대한 경쟁은 더욱 치열해졌는데, 국내에서도 네이버는 세계적인 제록스의 인공지능 연구소[XRCE]를 통째로 1,200억 원에 인수했다.[***] 이 연구소는 2012년 알렉스넷이 등장하기 전까지는 이미지 인식 분야에서 세계 1위 연구소였다.

- 네이버, AI 연구소 'XRCE' 인재 80명 얻었다…"당장 협업 가능"

---

* www.nature.com/articles/nature16961

* * www.theinformation.com/articles/google-beat-facebook-for-deepmind-creates-ethics-board

* * * www.news.joins.com/article/21704814

국내에서도 민간부문은 물론 교통, 재난, 의료 등 공공서비스 전 영역에서 AI·빅데이터를 활용하는 수요는 가속적으로 늘고 있다. 정부는 2023년까지 국내 최고 수준의 데이터 사이언티스트 1천 명, 수준별 전문 인력 5천 명 양성을 목표로 하지만 전문 인력 양성은 수요를 따라가지 못하는 상황이다. 네이버, 카카오 등에서는 "돈, 장비 다 있는데 사람이 없다"라고 아우성인 상황이다.*

- **[팩트체크]"돈·장비 다 있는데 사람이 없다." 네이버·카카오 대표 호소**

그래서 지금 기업에서는 그야말로 AI 전문가를 확보하려고 전쟁을 벌이고 있다. 심지어 백지수표로 모셔간다는 얘기도 나오고 있다. 인생에서 성공하려면 운이 있어야 한다는 말이 있다. 운이란 무엇일까? 운이란 기회가 왔을 때 준비되어 있는 것을 말한다. 기회가 왔는데 준비되어 있지 않다면 불행한 것이다. AI 빅데이터 시대에 개인의 준비는 기업의 다양한 문제를 데이터 분석적 시각에서 해결할 수 있는 역량을 갖추는 거라고 할 수 있다.

---

* www.news.joins.com/article/23920616

분석의 모든 과정을 완벽하게 수행했더라도 마지막 단계인 전달이 잘되지 않으면 분석이 효과를 낼 수 없다. 많은 분석가는 전통적으로 분석기법 자체에만 너무 초점을 맞추었고 분석결과를 어떻게 효과적으로 전달할지는 심각하게 고려하지 않았다. 하지만 현명한 분석가는 분석결과를 흥미롭고 이해할 수 있는 형태로 제시함으로써 의사결정자의 더 많은 주의를 끌고 분석결과에 따라 의사결정하도록 영감을 줄 수 있다.

8장

분석결과를 시각화할 때
빠지기 쉬운 함정들

분석결과를
잘 전달해야 한다

아무리 훌륭하게 분석했더라도 그것을 제대로 전달하지 못해 경영진이 지루해하거나
이해할 수 없다면 그들이 분석결과에 입각해서 행동을 취할 가능성은 없다.

빅데이터 분석의 첫 단계는 구체적으로 어떤 문제를 해결하기 위해 빅데이터 분석을 할지 명확히 하는 것이다. 그다음에 문제와 관련된 데이터를 수집해 분류·저장하고 문제해결에 적합한 기법으로 분석한 뒤 그 결과에서 인사이트를 추출해 의사결정자 또는 경영층에 전달하는 것이다. 이런 과정은 마치 고리로 연결된 체인과 같아서 모든 고리가 제대로 연결되어야만 효과를 발휘한다.

하지만 이전의 모든 과정을 완벽하게 수행했더라도 마지막 단계인 전달이 잘되지 않으면 분석이 효과를 제대로 발휘할 수 없다. 많은 분석가는 전통적으로 분석기법 자체에만 너무 초점을 맞추고, 분석결과를 어떻게 효과적으로 전달할지는 심각하게 고려하지 않았다. 심지어

분석결과는 '스스로 말한다'고 믿고 이 단계는 신경도 쓰지 않는 경우도 많았다.

하지만 현명한 분석가는 분석결과를 흥미롭고 이해할 수 있는 형태로 제시함으로써 의사결정자, 예를 들어 분석 프로젝트를 하도록 지시한 경영자의 더 많은 주의를 끌고 영감을 줄 수 있다. 즉 전달받는 경영자에게 분석결과에 따라 의사결정을 하고 행동을 취하도록 하기 위해 전달 단계를 중요시하고 많은 시간과 노력을 투입한다.

사실 아무리 훌륭한 분석을 했더라도 그것을 제대로 전달하지 못해 분석결과를 듣는 경영진이 지루해하거나 이해할 수 없다면, 그들이 분석결과에 입각해서 의사결정하거나 행동할 가능성은 거의 없다. 예를 들어 분석결과를 표 형태로 제시하는 것은 분석결과가 주의를 끌지 못하게 하는 아주 나쁜 방법이다.

우리는 거의 모든 경우 다양한 차트나 그래프를 활용해 분석결과를 효과적으로 제시할 수 있다. 더욱이 색이나 움직임 등으로 생기있게 전달한다면 효과는 더 좋아진다. 다시 말해 숫자가 나타내는 정보를 시각화해 쉽게 이해하도록 전달하면 그 효과는 확실히 달라진다는 것이다.

그렇기에 요즘 경향은 빅데이터 분석결과를 효과적으로 전달하기 위해 다양한 시각화 솔루션의 사용이 중시되고 있다. 그런데 문제는 결과를 시각화하는 과정에서 왜곡이 많이 일어날 수 있다는 것이다.

많은 숫자나 분석결과를 요약해서 잘 설명하는 가장 효과적인 방법이 그래프 등을 사용해 시각적으로 나타내는 것임은 두말할 필요가 없다. 그래프는 가로축, 세로축, 점, 선, 숫자, 글자, 심벌 등을 복합적으로 사용해 양적 숫자들을 시각적으로 요약한 것이다. 따라서 그래프를 대하는 사람으로서는 익숙하지 않은 많은 숫자를 머리를 써서 생각할 필요 없이 단지 보는 것만으로 숫자에 포함된 사실을 파악할 수 있다.

하지만 문제는 그래프로 정보를 전달할 때 가장 많은 왜곡이 일어난다는 사실이다. 왜 그럴까? 많은 숫자(데이터)를 그래프로 그릴 때는 가능한 한 간단하게 데이터의 정보를 생기 있는 그림으로 전달해야 한다. 이때 중요한 것은 데이터를 단순화simplicity하면서도 데이터가 갖고 있는 사실fact을 충실하게loyalty 전달하는 것이다.

하지만 이 두 가지 원칙은 자칫하면 상충하기 쉽다. 그래서 그래프를 그리는 것이 언뜻 보기에 매우 쉬운 듯하지만 상당한 기술art이 필요한 것이다. 통계 그래프에서 속임수가 가장 많다는 사실은 데이터 단순화 과정에서 사실의 정확성을 유지하기 어렵다는 것을 말해준다. 다시 말하면 그래프 사용에 미숙해 데이터를 너무 단순화하면 그래프를 부정직하게 그리지 않았더라도 실제와 전혀 다른 인상을 줄 수 있다.

더욱이 그래프를 그리는 사람이 논조를 흐리거나 사실을 의도적으로 왜곡하면 그래프는 사실에서 크게 동떨어지게 된다. 그러므로 그래프가 제시되었을 때 그것을 비판적으로 볼 수 있는 안목을 길러 혹시 있을지 모르는 의도적·비의도적 '왜곡'에 빠지지 않는 능력을 키우는 것이 매우 중요하다.

8장에서는 먼저 그래프를 그릴 때 일어나는 잘못을 가상 상황을 예로 들어 설명한다. 이어서 사실 그대로 전달하는 데 실패한 실제 그래프 사례를 분석한 뒤 끝으로 그래프를 올바르게 보고 그리는 방법을 설명한다.*

* 이 글에서 제시하는 일부 사례는 필자가 쓴 『우리가 정말 알아야 할 통계상식 백가지』(현암사, 1996)'와 『괴짜 통계학』(한국경제신문, 2008)'을 참조했다

그리는 사람 마음대로인
선그래프의 왜곡

선그래프에서 데이터 왜곡이 가장 많이 일어난다. 수직축과 수평축 눈금을
변화시켜서 원하는 모양의 그래프가 나오게 할 수 있기 때문이다.

그래프 중 가장 흔한 것은 선을 이용한 선그래프다. 선그래프는 그
리기가 쉬울 뿐만 아니라 많은 숫자에 숨어 있는 경향을 잘 나타내기
때문에 데이터 분석이나 예측에 가장 많이 쓰인다. 그러나 데이터 왜
곡이 가장 많이 일어나는 그래프도 선그래프다.

먼저 가상적인 상황을 예로 들어 설명한다. 고등학교 3학년에 올라
가는 나과외 학생은 지난 2년 동안 조집게 과외선생에게서 영어 과
목 과외를 받았다. 조선생은 그동안 매월 치른 나군 학력고사 영어성
적으로 나군 부모님과 함께 3학년에 대비한 영어 공부계획을 논의하
기로 되어 있다. 조선생은 그래프용지에 그동안 시험성적을 그래프로
나타내보았다. 우선 가로축에는 24번의 시험순서를 표시하고 세로축

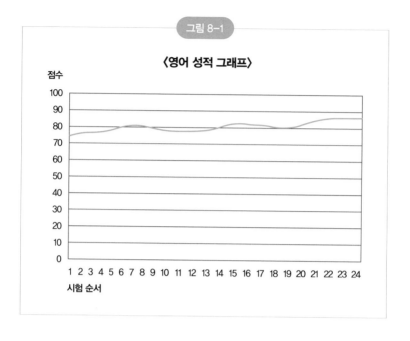

그림 8-1

〈영어 성적 그래프〉

점수

시험 순서

에는 10점 단위로 점수를 표시했다. 다음에 나군의 월별 영어성적을 표시한 뒤 선을 그어 연결했더니 〈그림 8-1〉과 같이 되었다.

이 그래프는 지난 2년 동안 영어성적이 매달 어떻게 변화했는지 잘 나타내고 있다. 가끔 성적이 오르내리기는 했지만 지난 2년간 영어성적이 전체적으로는 75점에서 85점으로 10점 정도 상승했다. 또한 그래프 제일 아래쪽에 0점이 표시되어 있어 점수 간 상호비교도 쉽고, 한 번만 봐도 성적 변화를 전체적으로 쉽게 이해할 수 있으므로 무난한 그래프라고 할 수 있다. 성적증가 10점도 10점 증가처럼 보이고, 그 상승 경향이 크기는 하지만 유별나게 큰 것도 아니라는 것을 보여주고 있다. 그러나….

　나군의 영어성적이 약간 올라가기는 했지만 지난 2년간 과외지도를 해온 조선생으로서는 나군 부모에게 성적증가를 조금 인상적으로 보이게 하고 또 앞으로 계속 과외를 맡기도록 설득하려면 아무래도 이 그래프는 만족스럽지 못하다. 그래서 이 그래프에서 빈 곳으로 남은 아랫부분을 잘라보았다.

　숫자는 같으므로 똑같은 그래프가 되지만 밑부분이 잘려져 나갔으므로 성적곡선이 2년 동안 그래프 전체 높이의 3분의 1이나 상승하고 있다. 어떤 속임수를 쓴 것도 아닌데 그래프가 주는 인상은 크게 달라졌다. 잘린 밑부분은 보이지 않으므로 약간의 상승도 새 그래프에서는 시각적으로 크게 보이는 것이다. 하지만 성적향상이 눈에 확 띄지는 않는데….

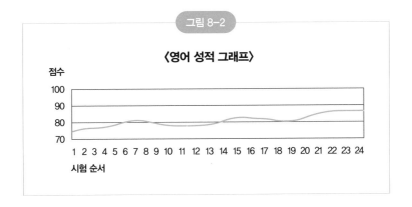

지난 2년간 받은 고액과외비를 생각할 때 조선생은 새 그래프보다 성적이 더욱 인상적으로 보이게 하는 방법이 없을까 궁리하다가 방법은 단순하지만 대단히 효과가 있는 속임수를 쓰기로 했다. 즉 〈그림 8-3〉과 같이 그래프 수직축 눈금을 변화시킴으로써 작은 차이도 눈에 확 띄는 변화로 보일 수 있도록 했다.

수직축 눈금이 75점에서 85점만 나타내도록 바꾸었더니 성적상승, 즉 조선생의 과외효과가 매우 두드러지게 나타났다. 이 그래프를 보이면서 "과외 덕분에 성적이 10점이나 비약적으로 상승했습니다"라

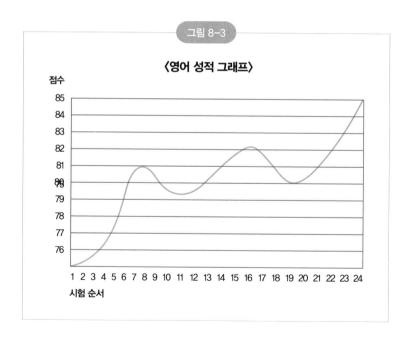

그림 8-3

〈영어 성적 그래프〉

고 하면 나군 부모는 매우 만족스러워 보너스를 줄지도 모른다고 생각하니 조선생은 절로 기분이 좋아졌다. 이왕 내친김에 좀더?

골라잡기

수평축 선택 역시 그래프를 그리는 사람이 강조하고자 하는 의도에 맞게 변화시킬 수 있다. 우선 수평축의 시작과 끝의 선택에서 그래프가 원하는 모양이 나오도록 자유롭게 선택한다. 조선생이 나군의 최근 성적 변화를 보여주는 그래프가 자기에게 유리하다고 생각되면 18회 이후 시험성적만으로 〈그림 8-4〉와 같은 그래프를 그릴 수 있

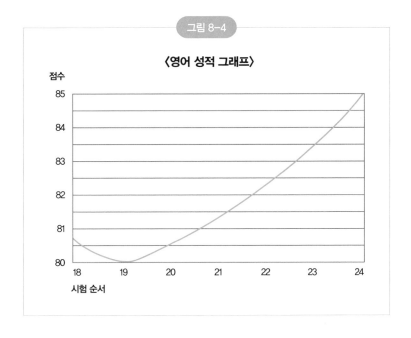

그림 8-4

〈영어 성적 그래프〉

다. 그동안 과외수업의 결과로 이제 성적이 안정적·수직적으로 상승하고 있다고 말하려면 이 그래프가 더 적당하다고 생각해 선택할 수 있는 것이다.

또한 수평축에서 눈금 변화로 데이터 변화 정도를 원하는 대로 보이게 할 수도 있다. 눈금을 촘촘하게 한다면 변화가 상하로 심하다는 인상을 줄 수 있고, 그 반대 경우에는 변화가 완만하게 진행되었다는 느낌을 준다.

만일 조선생이 나군의 성적이 오르고는 있지만 기복이 매우 심해서 앞으로는 좀더 집중적으로 공부할 필요가 있다고 (물론 과외시간이 늘어나 과외비도 따라서 오르고) 나군 부모님을 설득하고 싶다면 어떤

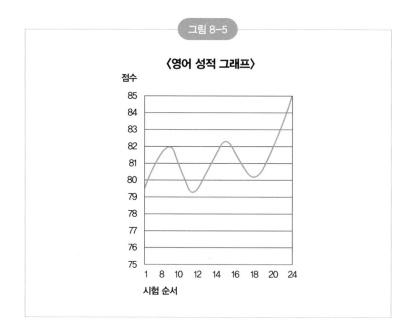

그림 8-5

〈영어 성적 그래프〉

그래프가 필요할까? 그래프의 수직축이 아니라 수평축을 약간 좁히기만 하면 된다. 수평축이 축소된 〈그림 8-5〉는 나군의 성적 기복이 심하다는 인상을 주는 데 충분하다.

그래프 수직축의
밑부분 생략하기

신문에서 제시되는 많은 그래프가 그래프 수직축 밑부분을 잘라내는 식으로 그려진다.
이런 그래프는 독자에게 원래 차이를 크게 부풀려 보여준다.

이제 가상적인 이야기가 아니라 우리 주위에 있는 실제 예를 들어
살펴보자. 시각화의 함정 중 가장 흔한 사례는 그래프 밑부분을 잘라
내는 것이다.

신문이나 잡지에 제시되는 많은 그래프가 지면 절약 등의 이유로
흔히 그래프 밑부분을 잘라내는 식으로 그려진다. 이런 그래프는 원
래 차이를 부풀리기는 하지만 속임수가 아니면서도 독자에게 주는 인
상은 완전히 다르다.

화석연료는 태울 때 이산화탄소를 배출하는 석탄, 석유 등의 연료
를 말한다. 화석연료에서 배출된 이산화탄소는 온실효과에 따른 지구
온난화의 주범으로 지목되고 있다.

출처: 『조선일보』, 1993. 1. 26. 28면

　〈그림 8-6〉은 지구환경을 보호하기 위한 화석연료 사용 억제에 관한 기사에서 각국 화석연료의존도를 나타낸 것이다. 프랑스는 의존도가 매우 낮은 52.5%이고, 한국은 80.4%로 프랑스보다 한국의 화석연료의존도가 높은 편이다. 하지만 밑이 잘린 그래프에서는 한국의 의존도가 프랑스보다 무려 7배 정도 높은 것 같은 인상을 준다. 그래프 밑부분(0%에서 50%까지)을 생략하면 이처럼 차이를 인상적으로 부풀릴 수 있는 것이다.

　따라서 이 그래프는 우리나라가 지구온난화의 주범 같은 인상을 준다. 하지만 실제로 전체 화석연료 사용량에서 한국은 미국, 프랑스, 일본보다 훨씬 적다.

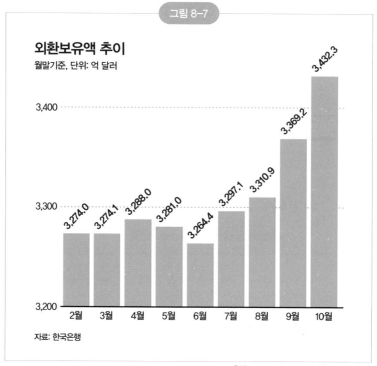

그림 8-7

외환보유액 추이
월말기준, 단위: 억 달러

3,400 ....

3,300

3,200

| 2월 | 3월 | 4월 | 5월 | 6월 | 7월 | 8월 | 9월 | 10월 |

3,274.0 3,274.1 3,288.0 3,281.0 3,264.4 3,297.1 3,310.9 3,369.2 3,432.3

자료: 한국은행

출처: www.m.blog.daum.net/mytaxkey/752

〈그림 8-7〉은 2013년 2월에서 10월까지 외환보유액을 나타낸 것이다. 10월 외환보유액은 2월보다 거의 3배나 되는 것처럼 보이지만 실제로는 증가율이 2.9%에 불과하다.

수직축 눈금만 바꿔
뻥튀기하듯이

안정되게 오르는 공무원의 봉급이 수직상승하는 것처럼 그릴 수도 있다.
똑같은 자료로도 수직축 눈금만 바꾸면 급상승 중이라고 주장할 수 있다.

〈그림 8-8〉은 대럴 허프$^{Darrel\ Huff}$가 쓴 『통계로 거짓말하는 방법$^{How\ To\ Lie\ With\ Statistics}$』이라는 책에 제시된 것으로, 세로축 눈금을 바꿈으로써 실제로는 안정되게 오르는 공무원의 봉급이 수직상승하는 것처럼 그릴 수 있음을 보여준다.

그해에 미국 공무원의 총급여액이 1,950만 달러에서 2천만 달러로 불과 4% 증가했는데(왼쪽 그래프), 눈금이 바뀐 오른쪽 그래프에선 무려 400% 증가로 과장되어 공무원 봉급이 급상승했다는 잘못된 인상을 강요한다. 똑같은 자료인데 오른쪽 그래프로는 공무원 봉급이 급상승 중이라고 주장할 수 있다.

〈그림 8-9〉는 KBS가 2014년 6·4지방선거를 앞두고 공개한 여론조

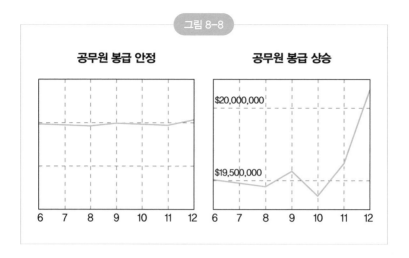

그림 8-8

공무원 봉급 안정

공무원 봉급 상승

$20,000,000

$19,500,000

사 결과의 일부인데, 후보별 지지도를 나타내는 막대그래프가 특정 정당에 유리하도록 왜곡되어 그려져 논란에 휩싸였었다. 즉 막대그래프마다 눈금의 기준이 달라서 새누리당 후보가 실제 지지도보다 높은 지지를 얻은 것처럼 비춰져 논란이 되었던 것이다. 〈그림 8-9〉의 위쪽 그래프는 KBS에서 방송한 그래프이고, 아래쪽 그래프는 제대로 그린 그래프다.

서울시장과 충북지사도의 경우 위아래 그래프가 큰 차이가 없다. 하지만 세종시와 경기지사는 불과 1%p 정도 차이 나는 초접전 상황인데도(아래 오른쪽 두 개 그래프), 방송된 그래프에서는(위의 오른쪽 두 개 그래프) 새누리당 후보가 크게 앞서는 것처럼 보이도록 내보낸 것이었다.

KBS가 선거를 앞두고 특정 정당에 유리하도록 편향된 보도를 한

그림 8-9

KBS
그래프

정몽준 박원순
서울시장
34.9 / 48.7

윤진식 이시종
충북지사
35.1 / 43.2

유한식 이춘희
세종시장
41.3 / 40.6

남경필 김진표
경기지사
36 / 34.7

실제
그래프

정몽준 박원순
서울시장

윤진식 이시종
충북지사

유한식 이춘희
세종시장

남경필 김진표
경기지사

출처: www.vop.co.kr/A00000759397.html

다고 비난하자, KBS에서는 뒤늦게 특정 정당에 유리한 모습을 보일
의도는 전혀 없었다고 해명하며 아래 오른쪽 그래프로 수정해서 대체
했다.

그래프 눈금의 크기를
엿장수 마음대로

그래프를 그릴 때 가장 중요한 원칙은 그래프 눈금의 크기를 일관성 있게
유지하는 것이다. 그러나 매스컴에 등장하는 그래프에서조차
이런 기본적 원칙이 지켜지지 않는 경우가 많다.

그래프를 그리는 사람이 우선 지켜야 할 사항은 그래프 눈금 크기
를 일관성 있게 유지하는 것이다. 그러나 매스컴에 등장하는 그래프
에서조차 이런 기본적 원칙이 지켜지지 않는 경우가 있다.

미국의 주요 일간지 중 하나인 〈필라델피아 인콰이어러The Philadelphia
Inquirer〉에 실린 〈그림 8-10〉은 그래프를 그리는 사람이 기본적 원칙조
차 제대로 지키지 않았음을 보여준다. 이집트 카이로에서 열린 세계
인구회의에 관한 기사에서 빠르게 증가하는 세계인구를 그래프로 나
타낸 것이다. 수직축은 10억billion 명 단위로 눈금이 표시되어 있는데,
모두 같아야 할 한 눈금(10억 명)의 높이가 제각각이다. 더욱이 그래프
위쪽의 6에서 8 사이 두 눈금의 높이가(20억 명) 중간 부분 2에서 3의

그림 8-10 | 빠르게 증가하는 세계인구

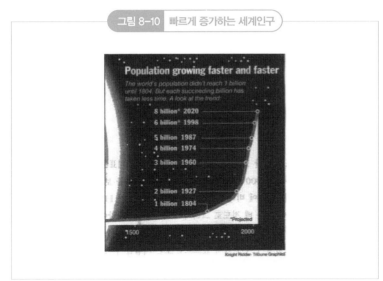

출처: 필라델피아 인콰이어러 신문(1994. 9. 4)

한 눈금 높이(10억 명)의 3분의 1밖에 되지 않는다. 그야말로 똑같아야 할 한 눈금 높이가 크게 들쑥날쑥하다.

〈그림 8-11〉은 주요 국가별 공휴일 현황을 막대그래프로 그린 것이다. 역시 수직축 눈금이 그래프마다 제각각이다. 예를 들어 검은 사각형으로 나타낸 것과 같이 똑같은 15일이지만 한국과 일본의 높이가 다르다.

〈그림 8-12〉는 최저임금으로 10시간 일해서 벌 수 있는 총액을 나타낸 것인데, 역시 수직축 눈금이 제각각이다. 중국에서는 22,000원인 초록 선 높이가 일본에서는 102,970원과 같게 그려졌다.

물론 이런 왜곡 주장에 대해 그래프를 작성한 당사자는 각 막대그래프 위에 구체적인 숫자를 적어놓았으니까 그 숫자를 참조해서 보면

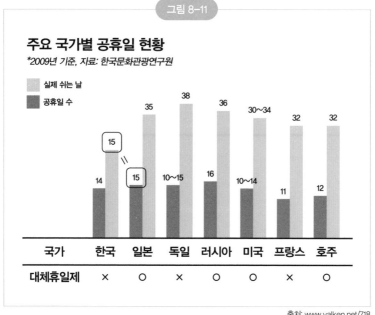

그림 8-11

주요 국가별 공휴일 현황
*2009년 기준, 자료: 한국문화관광연구원

실제 쉬는 날
공휴일 수

국가	한국	일본	독일	러시아	미국	프랑스	호주
대체휴일제	×	○	×	○	○	×	○

되지 않느냐고 반박할 수 있다. 하지만 그래프의 원래 목적이 양적인 숫자들을 시각적으로 요약해 보는 사람이 쉽게 하는 것인데, 그래프를 보면서 숫자 크기를 다시 비교해야 한다면 그래프를 그리는 취지가 무색해진다.

〈그림 8-13〉은 한 방송에서 이른바 '김영란법'의 국회 통과에 대한 여론조사 결과를 파이 형태로 그린 것이다. 64.0%인 '잘했다' 응답의 크기가 7.3%인 '잘못했다' 응답의 크기와 비슷하게 그려졌다. 심지어 '잘못했다' 7.3%가 '모르겠다' 28.7%보다 더 크게 그려졌다. 이 법의 국회 통과가 마음에 들지 않는다는 왜곡 의도가 쉽게 드러난다.

그림 8-12

10시간 일해서 벌 수 있는 돈

우리나라 최저임금
4,580원 ｜ 약 **50,000**원

최저임금 (원)	중국 2,200 (12.5위안)	한국 4,580	미국 8,274 (7.25달러)	일본 10,297 (730엔)	영국 10,911 (5.93파운드)	호주 18,174 (15.5호주달러)

22,000원 (125위안) · 약 50,000원 · 82,744원 (72.5달러) · 102,970원 (7,300엔) · 109,112원 (59.3파운드) · 181,740원 (155호주달러)

출처: www.ilwar.com/free/73762

그림 8-13 김영란법 국회 통과에 대한 여론조사 결과(리얼미터)

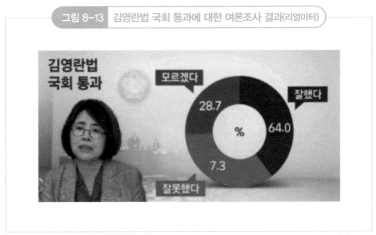

출처: JTBC.

앞의 그림처럼 퍼센트 크기를 상호비교가 가능하도록 그리지 않은 사례는 많다. 〈그림 8-14〉는 BBK사건과 관련한 여론조사 결과를 그린 것이다. 역시 'BBK사건 검찰 발표 신뢰 여부'에 대한 응답에서 41.2%의 '신뢰한다'는 응답이 50.5%의 '신뢰하지 않는다'는 응답보다 더 크게 그려졌다. 그 아래 그래프에서는 31.5%의 크기가 56.4%의 크기보다 거의 2배나 될 정도다. 역시 어떤 의도에서 이렇게 왜곡했는

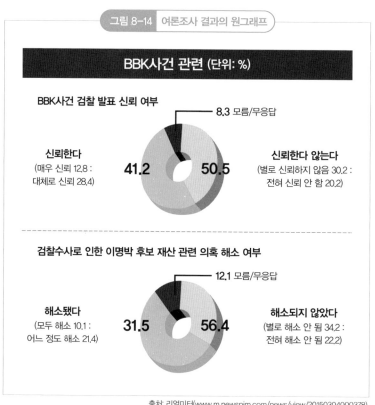

그림 8-14 여론조사 결과의 원그래프

BBK사건 관련 (단위: %)

BBK사건 검찰 발표 신뢰 여부

8.3 모름/무응답

신뢰한다
(매우 신뢰 12.8 :
대체로 신뢰 28.4)

41.2   50.5

신뢰한다 않는다
(별로 신뢰하지 않음 30.2 :
전혀 신뢰 안 함 20.2)

검찰수사로 인한 이명박 후보 재산 관련 의혹 해소 여부

12.1 모름/무응답

해소됐다
(모두 해소 10.1 :
어느 정도 해소 21.4)

31.5   56.4

해소되지 않았다
(별로 해소 안 됨 34.2 :
전혀 해소 안 됨 22.2)

출처: 리얼미터(www.m.newspim.com/news/view/20150304000378).

지 쉽게 알 수 있는 그래프다.

〈그림 8-15〉는 미국의 클린턴 대통령 취임 이후의 주가지수 변동을 그린 것이다. 클린턴 취임 이후 4개월 동안 주가지수가 3,226에서 3,442로 6.7% 올랐다. 하지만 이 그래프는 밑부분을 완전히 없앤 상태에서 그 변화를 화살표로 그렸다. 따라서 6.7% 증가가 마치 67% 증가처럼 보이며, 제목도 '주가가 지붕을 뚫고 치솟고 있다'라고 붙여져 있다.

그래프 시작을 화살표 밑부분으로 그리기 시작하면 아무리 소폭증가라도 엿장수 마음대로 화살표 끝을 위치시킴으로써 원하는 만큼 과장해서 표현할 수 있음을 보여준다. 경제를 부흥하겠다던 클린턴 대통령의 공약대로 경제 상황이 나아진다는 것을 보여주려는 그래프이지만 화살표와 제목에서 과장하려는 의도가 엿보인다.

그림 8-15 클린턴 대통령의 경제 성적표

출처: 〈타임〉, 1993. 2. 15.).

〈그림 8-16〉은 강남의 업무빌딩 공실률을 그린 것이다. 2012년에는 공실률이 3.9%였는데, 3년 뒤인 2015년에는 9.4%로 2.4배 늘었다. 하지만 선그래프가 주는 느낌은 그보다 훨씬 더 공실률이 높아진 인상을 준다.

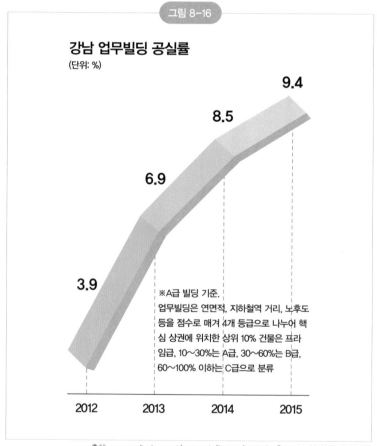

그림 8-16

강남 업무빌딩 공실률
(단위: %)

9.4

8.5

6.9

3.9

※A급 빌딩 기준.
업무빌딩은 연면적, 지하철역 거리, 노후도 등을 점수로 매겨 4개 등급으로 나누어 핵심 상권에 위치한 상위 10% 건물은 프라임급, 10~30%는 A급, 30~60%는 B급, 60~100% 이하는 C급으로 분류

2012   2013   2014   2015

출처: www.media.daum.net/economic/finance/newsview?newsid=20160121183004721

그림 8-17

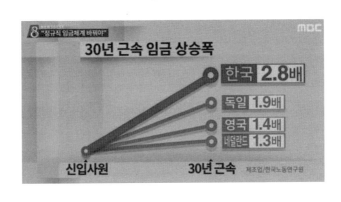

출처: www.twitter.com/hamilchon1998/status/537627187269353472

　〈그림 8-17〉은 한 방송국 뉴스에서 정규직 임금체계를 바꾸어야 한다는 논리에 대한 근거로 한국과 유럽 세 나라의 30년 근속 임금표를 그린 것이다. 한국 정규직의 임금 상승폭이 가장 두드러지게 그려졌다. 예를 들어 영국과 한국의 2배 차이가 높이에서는 훨씬 더 큰 차이라는 인상을 준다.

예쁜 그림도표가
빠지기 쉬운 함정

언론에 등장하는 그림도표는 무미건조한 그래프에 생기를 불어넣기는 하지만
그 배후에는 독자에게 과장된 인상을 주려는 의도가 숨어 있다.

선그래프와 마찬가지로 많이 사용되는 막대그래프는 명확하다는
장점이 있기는 하지만 축의 변화나 눈금의 변화와 같은 왜곡이 여전히
가능하다. 또한 막대그래프는 느낌이 딱딱하고 보기에 재미가 없으므
로 이를 생기 있게 하려고 그림도표로 나타내는 경우가 많다. 그러나
그림을 흥미롭게 하는 과정에서 왜곡이 생기는데 가상 상황을 예로
들어 설명한다. 〈그림 8-18〉의 막대그래프는 어느 지역 스포츠카 숫
자가 5년 사이에 1,000대에서 2,000대로 2배 증가했음을 보여준다.

막대그래프는 막대의 폭이 같으므로 서로 비교하기가 쉽고 (밑부분
이 잘리지 않았다면) 명확하게 크기를 나타낸다. 문제는 보기에 재미가
없다는 것이다. 따라서 막대 대신 물체 그림을 사용해 〈그림 8-19〉와

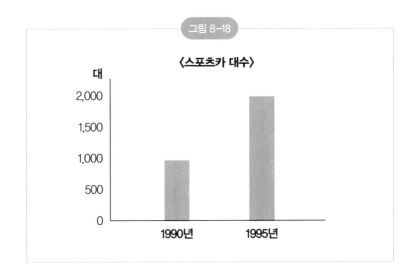

그림 8-18

〈스포츠카 대수〉

같이 재미있는 그림도표로 표현한다.

정확한 정보 제공이 목적이면 〈그림 8-19〉는 충분하지 못하다. 이 그림은 보는 사람이 주의를 기울이지 않으면 잘못된 인상을 줄 수 있다. 즉 1990년에 비해 1995년에는 스포츠카를 2대 소유한 것처럼 이

그림 8-19

<figure>그림 8-20</figure>

2,000

1,000

1990년

1995년

해될 수 있다. 그래서 차를 한 대만 그리되 2배가 증가된 것을 나타내기 위해 높이를 2배로 하면 〈그림 8-20〉과 같이 된다.

높이만 2배로 했더니 1995년 스포츠카가 지프차처럼 매우 어색한 모양이 되었다. 그래서 높이뿐만 아니라 폭도 2배로 해서 어색하지 않도록 하면 〈그림 8-21〉처럼 된다.

대부분의 그림도표에서 그림을 예쁘게 하고 특히 차이를 강조하고

<figure>그림 8-21</figure>

2,000

1,000

1990년

1995년

싶을 때 이와 같은 식으로 그림을 그리기 때문에 왜곡이 생긴다. 높이와 폭을 모두 2배로 하면 면적은 2×2=4이므로 4배가 되는 것이다. 더욱이 모든 물체가 그렇듯이 스포츠카도 부피로, 즉 3차원으로 인식되므로 안쪽 길이도 2배가 되어 부피로는 2×2×2=8, 즉 8배가 된다. 말로는 2배라지만 예쁜 그림도표는 8배라는 인상을 강요하는 것이다.

물론 대부분 그림 옆에 숫자가 주어지기는 하지만 보는 사람은 숫자로 골치 아프게 실제 차이를 머릿속에서 다시 생각하는 과정을 거치기보다는 그림이 주는 차이를 쉽게 받아들이므로 여기에서 크게 왜곡이 일어나는 것이다. 올바른 크기의 숫자를 그림에서 제시했으므로 그림 자체 크기는 몇 배씩이나 틀려도 된다는 생각은 매우 느슨한 기준이다(특히 매스컴에 발표되는 그림도표라면). 신문이나 잡지에 등장하

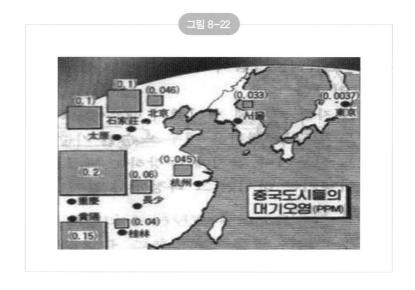

그림 8-22

는 그림도표는 무미건조한 그래프에 생기를 불어넣기는 하지만 그 과정에서 일어날 수 있는 과장이나 축소에 주의를 기울여야 한다. 실제 사례를 몇 개 들어보자.

〈그림 8-22〉는 한국, 일본, 중국 도시들의 대기 오염도를 나타내고 있는데 대기오염 수치를 사각형의 면적으로 나타냈다. 오염수치가 0.1인 도시太原, 石家莊와 그 2배가 되는 0.2인 도시重慶의 사각형 면적 차이가 2배가 아닌 4배로 그려져 있다. 일차원적 수치 차이를 2차원적 면적 차이로 나타낼 때 주의하지 않으면 이런 그래프를 그리게 된다.

〈그림 8-23〉은 시속 10km로 달리는 차가 시속 50km로 달리는 차보다 탄화수소를 4배나 더 배출하므로 교통체증이 대기오염을 악화한다는 내용의 기사에 곁들여진 멋진 그림도표다. 교통체증에 따른

그림 8-23

시간적·경제적 손실 이외에 대기오염 악화를 막기 위해서도 교통체계 개선이 시급함을 강조하는 것은 이해가 간다. 그러나 이 그림은 배기가스가 4배나 배출된다고 그렸으나 그림에서 배기가스는 부피로 인식되므로 실제로는 4×4×4=64배 차이로 과장되어 그려져 있다. 그린 사람의 의도가 이해는 되므로 이유 있는(?) 과장이라고 할 수 있지만 너무 과장한다면 자칫 왜곡된 정보와 인상을 독자에게 줄 수도 있다.

〈그림 8-24〉는 한 일간지 그래픽 뉴스난의 그림도표인데, 1994년 11월의 일주일 동안 텔레비전 3사에서 방송된 38개 드라마와 코미디 프로그램 65회분에 등장한 인물 1,212명을 조사한 결과를 나타냈다. 막대그래프는 지역별 실제인구비율을 나타내고 사람은 TV출연인물의 지역비율을 나타낸다. 서울 사람의 TV출연비율은 약 53%로 호남

그림 8-24

사람의 2.2%에 비해 약 25배 높은 것으로 조사되었다. 그러나 이 차이를 나타내는 그림도표에서 서울, 전라 사람의 크기는 높이, 폭 그리고 안쪽 길이 모두 10배 차이로 그려져 있다. 즉 25배 차이가 그림도표에서는 25배가 아니라 $10 \times 10 \times 10 = 1,000$배로 그려져 있다. 이런 과장을 보면 "예쁜 그림이 아니라 그냥 정확한 숫자를 제시하라고 요구하라"던 통계학자 리처드 마골린의 말이 떠오른다.

그래프는
자세히 따져봐야 한다

그래프는 겉으로 보이는 것과 전혀 다른 경우가 많다.
그래프를 자세히 따져보지 않고는 결코 있는 그대로 받아들이면 안 된다.

통계학자인 스테판 캠벨은 "진실을 자세히 검사하지 않고는 결코 있는 그대로 받아들여서는 안 된다. 사물은 겉으로 보이는 것과 전혀 다른 경우가 많다"라고 말했다. 여기에서 진실과 사물이라는 단어를 그래프로 그대로 바꿔 "그래프를 자세히 따져보지 않고는 결코 있는 그대로 받아들여서는 안 된다. 그래프는 겉으로 보이는 것과 전혀 다른 경우가 많다"고 조언하고 싶다. 사실 그래프(그림도표를 포함해서)를 그리는 목적은 열심히 읽으려 하지 않는 독자들이나 숫자를 다루는 데 익숙하지 않은 사람들에게 데이터의 특징이나 본질을 간단명료하게 보여주는 데 있다.

그러나 그래프를 그리는 과정에서 수직축과 수평축의 위치나 어떤 눈금을 선택하느냐는 그래프로 무엇을 나타내려고 하는가 하는 의도에 달렸다. 더욱이 이러한 선택이 전적으로 그래프를 그리는 사람에게 주어져 있으므로 항상 왜곡 가능성이 존재한다.

물론 그래프를 그리는 사람의 기술이 부족하거나 그래프에 좀더 생기를 불어넣는 과정에서 과장이나 축소가 있을 수 있다. 하지만 자신만의 논조를 부각하려고 의도적으로 과장하거나 왜곡하는 경우가 더 많다.

그렇다면 이러한 왜곡을 막기 위해 어떻게 해야 할까? 그래프를 보는 사람과 그리는 사람의 처지에서 구분해보자.

좋은 그래프는 간단하고 정확하게 데이터의 진실을 말해야 한다. 그래프를 보는 사람은 그래프의 공정성을 평가하려면 두 가지 질문을 던져야 한다. 첫째는 그래프가 전체 그림을 보여주는가 하는 것이다. 그래프 밑부분이 잘렸는지, 축을 변화시킨다면 전혀 다른 인상을 주는 그래프가 될 수 있는지, 만일 그렇다면 데이터를 왜곡하지 않고 바른 모양을 나타내는 그래프는 어떤 것인지 반문해야 한다. 둘째는 눈금이 (특히 수직축) 과장되지 않았는가 하는 것이다. 과장된 눈금은 잘못된 인상을 독자들에게 강요하는 경우가 많다.

그러면 과장되지 않은 적절한 눈금은 어떤 것일까? 그 답은 데이터에 포함된 중요한 차이나 흐름의 변화를 꼭 보여주어야 하는 동시에 별로 중요하지 않은 것이 과장되지 않도록 눈금을 정하는 것이다. 더욱이 수직축이나 수평축 눈금이 무엇을 나타내는지 표시조차 안 된 그래프는 대부분 의도적으로 과장하거나 속이려는 것이다.

그래프를 만드는 사람이 유의할 점은 좋은 그래프를 만들기 위해서는 데이터의 본질에 대한 이해와 미적^{artistic} 기술이 필요하다는 것이다. 지금까지는 주로 미적 기술에 중점을 두어 재미있고 눈에 잘 띄는 그래프를 그리려고 했지만, 더욱 중요한 것은 데이터의 본질을 파악하고 이를 그대로 전달하는 그래프를 그리는 것이다.

특히 눈금 크기를 적절하게 정하려면 그래프를 만드는 사람의 데이터 본질에 대한 이해와 경험이 필수적으로 요구된다. 구체적으로는 먼저 데이터 변화를 보여주어 눈금이나 축의 변화에 따른 축소·과장을 강조해서는 안 된다. 또한 숫자를 나타낼 때는 그 숫자의 크기와 직접적으로 비례가 되게 하고, 특히 그림도표를 사용하는 경우 그 숫자 차이가 면적이나 부피 차이와 같도록 유의해야 한다. 필요한 경우 정확하게 말을 덧붙이는^{labeling} 것도 좋은 방법이다.

빅데이터 시대에는 어느 분야에서 어떤 경력을 쌓
건 간에 개인의 성공은 분석능력에 따라 크게 좌우
될 것이다. 이 시대 기업에 가장 필요한 인재는 데
이터 기반의 문제해결 역량, 즉 문제를 해결하기 위
해 관련 자료를 수집·분석해 문제해결에 중요한 정
보를 추출하는 능력을 갖춘 사람이기 때문이다. 그
렇다면 이런 역량은 어떻게 개발할 수 있을까?

9장

빅데이터 시대를 맞아
개인이 준비할 것

빅데이터 시대를 맞아 무엇을 준비해야 하나?

치열한 경쟁사회에서 성공하려면 무조건 열심히 하는 것 이상의 그 무엇이 필요한데,
그것은 바로 자신만의 가치와 전문성으로 차별화한 경쟁력을 갖추는 것이다.

많은 젊은이가 취업에 필요한 스펙을 갖추기 위해, 대부분 직장인
은 고용의 안정과 더 나은 미래를 준비하기 위해 무언가 자기계발을
하거나 하려고 계획하고 심지어 스트레스까지 받는다. 자기계발이 스
트레스를 주는 이유는 간단하다. 자기계발에는 많은 시간과 노력 그
리고 비용이 드는 데 반해 그 효과는 더디게 나타나기 때문이다. 따라
서 자신에게 알맞은 자기계발을 현명하게 선택해 꾸준하게 집중하는
것이 매우 중요하다.

그렇다면 어떤 자기계발을 선택해야 할까? 이를 위해서는 먼저 자
기계발 대상을 엄밀히 평가해야 한다. 자기계발에 대한 평가는 다음
과 같은 기준을 적용할 수 있다.

- **업무 관련성**: 업무에서 자신을 돋보이게 할 뿐만 아니라 성과도 높일 수 있어야 한다.

- **차별적 능력**: 나만의 차별적 능력이자 브랜드가 될 수 있어야 한다.

- **투자대비 효율성**: 자기계발을 위한 투자에 비해 그 효과가 훨씬 커야 한다.

- **비용**: 다양한 방법으로 독학이 가능해서 비용이 적게 들어야 한다.

- **장기적 비전**: 미래에도 계속 전문성과 차별성이 확보되는 것이어야 한다.

- **부수효과**: 자기계발 과정에서 창의성이 함양되는 부수효과도 있어야 한다.

많은 사람이 자기계발로 선택하는 영어를 이 기준으로 평가해보자. 영어는 대부분 사람에게 직무 관련성이 낮고, 자신만의 차별적 능력도 아니며, 투자해서 노력하는 것에 비해 잘 늘지도 않는다. 또한 비용도 많이 들며, 장기적으로도 높은 차별성이 확보되지 않고, 창의성을 함양하는 부수효과도 없다. 이러한 원천적 이유로 영어를 선택한 많은 사람은 시간과 노력을 열심히 투자하지만 결국 '각오→노력→좌절→재시도'라는 낭비 과정을 반복한다. 대학생들이 취업하기 위해 갖추려고 애쓰는 다른 스펙도 기업이 기대하는 업무능력과는 상관성이 낮다.

최근 취업포털 잡코리아가 기업 인사담당자 113명을 대상으로 온라인 설문조사를 한 결과를 보면, '고스펙' 지원자를 뽑아놓고도 만족하지 못하는 인사팀의 고민이 드러난다.* 현행 공채방식의 문제점에 대해 응답자 가운데 36.6%가 '고스펙과 업무능력이 비례하지 않는다'고 응답했으며, '직무적성을 가진 지원자를 찾기 어렵다(33.3%)'가 뒤를 이었다. 이런 이유로 높은 급여수준과 고용안정성으로 대표되는 은행권에서도 학력, 자격증, 어학성적, 해외연수 경험 등 스펙 관련 정보를 지원서에서 삭제하거나 당락에 반영하지 않는다.** 현대자동차는 2014년 인문계 직무에 한해 대규모 공채 대신 '상시채용'을 도입했고, SK그룹과 포스코 등 대기업뿐만 아니라 한국마사회 등 공기업도 이른바 '스펙 초월' 전형을 도입하고 있다.

상시채용이나 스펙 초월 전형은 기업들이 채용하자마자 바로 쓸 수 있는 인재들을 뽑으려는 것이며, 이런 인재가 되려면 기본적으로 분석역량을 갖추어야 한다. 분석역량, 즉 상사에게 보고하거나 자기 의견을 제시할 때 말로만 하는 것이 아니라 숫자를 분석한 근거를 함께 제시할 수 있는 능력은 업무와 직접 관련되어 높은 성과를 낼 수 있고, 남들이 갖지 않은 자신만의 차별적 능력으로 돋보이며, 노력한 것보다 훨씬 효과가 크기 때문이다.

더욱이 다양한 방법으로 독학이 가능해서 비용도 상대적으로 낮고, 분석을 중요한 경쟁우위의 원천으로 삼으려는 기업 흐름에 비추어 장기적으로도 높은 전문성과 차별성을 인정받을 수 있으며, 분석역량

---

* "대기업들 '탈 스펙 채용' 왜? 스펙과 업무능력은 비례하지 않아," 한겨레, 2014. 3. 18, 21면.
** "은행권 채용방식 변화… 천편일률 스펙 안 받아," 연합뉴스, 2014. 3. 23.

자체가 창의성을 함양하는 부수효과가 있다. 경영 구루 톰 피터스[Tom Peters]는 "치열한 경쟁사회에서 성공하려면 무조건 열심히 하는 것 이상의 그 무엇이 필요한데, 그것은 바로 자신만의 가치와 전문성으로 차별화한 경쟁력을 갖추는 것이다"라고 말했다. 다양한 분야에서 숫자에 대한 의존도가 점점 더 커지는 빅데이터 시대에 다른 무엇보다 분석역량을 키우는 것이야말로 최고 스펙을 갖추는 일이다.

블루오션[blue ocean]은 경쟁이 없는 새로운 시장을 말한다. 개인이나 기업이 성공하려면 경쟁이 치열한 레드오션[red ocean]보다는 블루오션을 찾아야 한다. 분석능력을 키우는 것이 자기계발의 블루오션인 이유는 많은 사람이 숫자에 자신 없어 하고 분석능력을 키워야 한다는 생각조차 하지 않기 때문이다.

템플대학교 수학과 교수 존 파울로스[John Paulos]는 현대에 문맹은 글을 읽지 못하는 것이 아니라 숫자에 두려움을 갖고 숫자를 편안하게 다루지 못하는 거라고 주장하며 이를 수맹[innumeracy]이라는 새로운 용어로 표현했다. 모든 사람이 잘하지 못하고 따라서 경쟁 없이 광활하게 열린 블루오션에서는 조금의 노력으로도 분석능력을 갖출 수 있다. 그리고 그런 능력은 다른 사람과 차별화된 자기만의 특성으로 토론이나 보고서 등에서 금방 돋보이게 된다. 더욱이 그런 과정에서 쌓이는 상사의 인정과 동료들의 부러운 시선은 더욱더 분석능력을 키우게 자극한다. 숫자 하나로 인정받기 시작해 나중에는 크게 능력을 발휘한 사례를 들어본다.

한양의 위도가
얼마인고?

이순지는 전통 시기 한국 천문학을 세계 수준으로 올려놓은 천문학자다.
20대 후반 세종에게 천문역법 사업 책임자로 발탁되어 평생을 천문역법 연구에 바쳤다.

1465년 6월 어느 날, 세종이 신하들과 국사를 논의하다가 갑자기 신하들에게 물었다.* "한양의 위도가 얼마인고?" 세종 앞에 늘어선 많은 신하는 모두 꿀 먹은 벙어리가 되어 대답하지 못했다. 세종이 다시 물었다. "한양의 위도가 얼마인고?" 신하들은 머리를 숙인 채 서로 바라만 보았다. 신하들의 침묵이 길어지자 세종은 가벼운 한숨을 내쉬었다. 그때 한 신하가 앞으로 나섰다. 그는 "한양의 위도는 38도강(强)이옵니다"라고 대답했다. 세종은 깜짝 놀랐다. 나중에 세종은 그를 크게

* 이 사례는 이종호(www.k.daum.net/qna/view.html?qid=0C2jQ)와 나일성, 『한국 과학기술인물 12인』(해나무, 2005, 133~160쪽)을 참조·보완했다.

신임해 조선의 천문역법을 책임지도록 발탁했다. 그 대답을 한 신하가 바로 이순지李純之다. 그는 당시 승문원에서 외교 문서 관련 업무를 맡고 있었다.

경북 영천시 화북면에 있는 1,124m 보현산 정상에는 동양 최대 종합 천문대인 보현산 천문대가 있다. 이 천문대는 12km 밖에 있는 100원짜리 동전도 식별할 수 있는 1.8m 크기의 동양 최대 광학망원경을 보유하고 있다. 현재 통용되는 1만 원권 지폐 뒷면의 오른쪽 그림이 바로 이 천체망원경이다.

보현산 천문대 연구원들은 2000년대 초 많은 소행성을 발견했는데, 2004년 국제천문연맹의 승인을 얻어 자신들이 발견한 소행성 다섯 개에 한국 전통과학자의 이름을 붙였다. 최무선, 이천, 장영실, 이순지, 허준이 그들이다. 이 걸출한 5인의 과학인물 중 새로 발견한 소행성 이름에 가장 잘 어울리는 사람은 이순지다. 이순지는 천체를 관측하고 그 움직임을 계산해 정확한 달력으로 만드는 일을 수행한 조선시대 대표 천문학자였기 때문이다.

한국 과학기술인 명예의 전당에 헌액된 공적에는 "이순지는 전통시기 한국 천문학을 세계 수준으로 올려놓은 천문학자다. 20대 후반 세종에게 천문역법 사업 책임자로 발탁되어 평생을 천문역법 연구에 바쳤다"라고 밝혔다.

세종은 즉위 초부터 조선의 독자적 천문 역법曆法을 세우려고 했다. 삼국시대에는 주로 중국 역법을 빌려 썼고, 고려 때는 그것을 개성을 기준으로 약간 수정해서 사용했다. 조선시대에 한양으로 천도한 뒤에는 그것을 약간 더 수정해서 사용했지만 근본적으로 조선을 기준으로 한 천체 운동 계산은 하지 못했으므로 세종은 조선에 맞는 역법을 만들어야 한다고 생각했다. 심지어 세종은 "내 나라 하늘도 못 맞히는데 내가 하늘이 내린 임금이냐? 나는 이 나라 임금 자격이 없다"라고 자책할 정도였다.

1433년부터 조선의 천문역법을 정비하라는 세종의 명에 따라 이순지를 중심으로 역법 프로젝트가 진행되어 1442년에 이르러 조선의 독자적 역법인 '칠정산내편七政算內編'과 '칠정산외편七政算外編'이 편찬되었다. 칠정七政은 해, 달, 화성, 수성, 목성, 금성, 토성을 말한다. 이로써 그간 중국 역법에 전적으로 의존하던 데서 벗어나 비로소 독자적으로 천체 운행을 계산할 수 있게 되었다.

이순지가 세종에게 발탁되어 세계적 천문학자로 성장하게 된 계기는 『세조실록』(세조 11년, 1465년 6월 11일)에 다음과 같이 기록되어 있다. "세종은 조선의 천문 계산이 정확하지 못함을 염려해 문신을 가려서 산법을 익히게 했는데, 어느 날 세종이 한양의 북극고도(즉 북위)가 얼마냐고 물었을 때 관료 중 유일하게 이순지가 38도강이라고 대답하자 세종은 이를 의심했다. 나중에 중국에서 온 사신이 역서를 바치고는 말하기를 '한양은 북극에 나온 땅이 38도강强입니다' 하므로 세종이 기뻐하시고 마침내 명하여 이순지에게 천문역법을 교정하게 했다." 이를 계기로 이순지는 세종의 총애를 받아 각별한 관심 속에서 각종 천문의상天文儀象 제작은 물론 이와 병행한 역법 정비에도 주도적으로 참여하게 된다.

이순지가 세종에게 발탁된 계기는 우연이나 운은 결코 아니다. 세종이 우리만의 역법을 세우고자 했으므로 이순지는 우리만의 역법에서 가장 기본이 되는 한양의 위도를 미리 고민하고 계산한 것이다. 이미 원나라 수시력에서는 개경의 위도를 책정했는데, 아마도 이순지는 이 값에 개경과 한양 사이 거리를 적용해 한양의 위도를 산출했을 것이다. 이미 계산을 끝낸 이순지에게 세종의 느닷없는 질문은 오히려 그를 돋보이게 하는 기회로 작용한 것이다.

성공하려면 약간의 운이 필요하다고 한다. 그렇다면 운이란 무엇일까? 오래전 〈무릎팍 도사〉라는 텔레비전 프로그램에 당시 교수였던 안철수가 출연한 적이 있다. 그 프로그램에서 진행자 강호동이 안철수에게 여러 질문을 했는데, 안철수는 그때마다 "운이 좋아서 그 일을 성공할 수 있었다"라고 대답했다.

그러자 강호동이 "안철수 교수님은 운이 참 많았던 것 같다"고 물었는데, 안철수는 "운은 기회와 준비가 만날 때 오는 것이다"라고 답했다. 운에 대한 여러 정의가 있겠지만 그가 내린 정의가 가장 간단하면서도 사실적이라고 생각한다. 안철수는 자기 저서에서도 운은 '준비된 기회'일 뿐이라고 표현했다.

컴퓨터바이러스 대란과 관련하여 혹자는 이것을 행운이라고 평가할지 모른다. 그러나 우리는 이것을 행운이라고 말하지 않는다. 굳이 표현한다면 우리에게 '준비된 기회'였다. 준비가 안 된 상황에서는 행운의 모습을 한 기회가 오더라도 그것을 잡는 것이 불가능하다. 설령 그전에 1등의 위치에 있었다 하더라도 그 기회를 열어줄 가능성을 감당하지 못할 것이기 때문이다. 준비가 안 된 상황에서는 기회가 오히려 불행이다.*

'준비'가 되었을 때 기회가 오면 잡는 것이 운이라고 한다면 과연 어떤 것을 평소 준비해야 운이 따라올까? 개인의 상황에 따라 그 '준비'가 다르겠지만 누구에게나 언제 어느 상황에서든 가장 잘 '준비'된 상태는 바로 분석능력을 갖추는 것이라고 확신한다. 대부분의 사람이 수문맹이고 분석능력을 거의 갖추지 못한 상황에서 자신만이 분석능력을 갖추었으면 상사나 다른 사람에게 강한 인상을 줄 기회는 많다. 부서 내 토론이나 자신이 제출하는 보고서에서 숫자를 꼼꼼하게 분석한 근거를 제시하면 강한 인상을 줄 뿐만 아니라 실제로도 가장 객관적으로 문제해결에 공헌할 수 있다.

세종의 물음에 많은 관료가 대답하지 못할 때 이순지가 유일하게 대답했던 것처럼 누구나 자신만의 차별적인 분석능력을 드러낼 때 군계일학처럼 돋보이게 된다. 그리고 세종의 총애가 이순지에게 당시 세계 최고 천문학자로 성장하는 자극이 되었듯이 상사의 인정과 동료들이 보내는 존경의 시선은 자신만의 분석능력을 더욱 키우는 동력이 될 것이다.

더욱이 데이터가 넘쳐나는 빅데이터 시대에 개인의 분석역량, 즉

---

* 안철수, 『영혼이 있는 승부』, 김영사, 2001, 57쪽.

문제를 해결하기 위해 관련 자료를 수집·분석해 문제해결에 중요한 정보를 추출하는 능력은 더욱 중요하다. 다양한 분야에서 데이터 분석에 대한 의존도가 점점 더 커짐에 따라 현명한 의사결정은 계량적 정보를 얼마나 능숙하게 다루느냐에 달렸기 때문이다. 또한 『새로운 지식The New Know』의 저자 손턴 메이Thornton May가 말했듯이 "어느 분야에서 어떤 경력을 쌓건 간에 그의 성공(개인적이든 직업적이든)은 분석역량에 따라 크게 좌우될 것"이기 때문이다.

꾸준히 연습해
분석역량 키우기

분석역량도 어느 한순간 키워지는 것이 아니라 꾸준한 연습이 필요하다.
중요한 핵심은 무엇을 연습하고, 또 어떻게 연습할 것인가 하는 것이다.

　뉴욕을 구경 온 젊은 관광객이 행인에게 카네기홀을 어떻게 가느
냐고 물었다. 질문을 받은 그 행인은 한참 생각하더니 '연습하고, 연
습하고, 또 연습해라'라고 대답했다는 유머가 있다. 카네기홀을 어떻
게 가냐고(가는 길) 물은 사람에게 카네기홀은 죽어라 연습해야 갈 수
(무대에 설 수) 있다고 대답한 것이다. 전 세계 음악인들의 꿈의 무대
인 카네기홀에서 공연할 수 있으려면 죽어라 연습해서 최고 경지에
올라야만 할 것이다.

　카네기홀이 아니더라도 어느 분야에서건 높은 수준에 오르려면 꾸
준히 연습하는 수밖에는 없다. 분석역량도 마찬가지로 어느 한순간에
키워지는 것이 아니라 꾸준한 연습이 필요하다. 중요한 것은 무엇을

연습하고, 또 어떻게 연습할 것인가 하는 것이다.

사람들의 운명, 즉 살아가는 방식은 어떻게 결정될까? 아리스토텔레스가 오래전 얘기했듯이 어떤 사람의 습관, 바로 그가 반복적으로 행하는 그 무엇이 바로 그 사람의 모습이 되고 운명으로 이어질 것이다. 그 흐름을 연속적으로 나타내면 '사고→태도→행동→습관→인격→운명'이 될 것이다. 평소 사고가 그 사람의 태도를 형성하고, 그런 태도가 행동으로 이어지며, 계속된 행동은 습관이 되고, 그런 습관이 바로 다른 사람들이 그 사람을 평가하는 중요한 요소로 작용해서 결과적으로 이 모든 과정이 그의 삶 자체가 된다는 것이다. 분석능력도 어느 한순간에 하나의 행동으로 키워지는 것이 아니므로 〈그림 9-1〉과 같은 과정을 거쳐야 한다.

이 그림을 설명하면, 평소 가지고 있는 분석적 태도가 분석적 습관

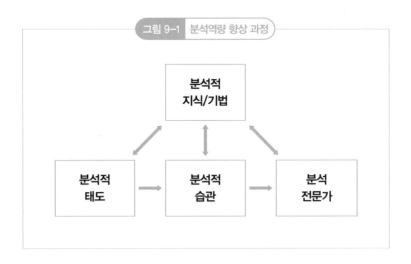

그림 9-1 분석역량 향상 과정

을 형성하고 이 습관은 분석능력이 높아진 전문가로 만든다. 물론 태도와 습관은 완전히 독립적인 것이 아니지만 설명의 편의상 그렇게 구분했다. 이 과정에서 분석적 지식과 기법은 각 단계와 상호작용하면서 연마되고 향상된다. 이 틀을 중심으로 분석능력을 키우려면 먼저 어떤 태도를 지녀야 하는지 살펴보자.

숫자를 두려워하지 마라

많은 사람이 숫자를 대하면 자신 없어 한다. 초등학교에 입학하기 전부터 고등학교를 졸업할 때까지 가장 많은 시간 공부한 것이 바로 수학이지만 수학은 융통성이 없어서, 다시 말하면 정확히 맞지 않으면 틀리기 때문에 많은 사람에게 편하지 않은 과목이다.

하지만 유능한 분석가가 되는 데 있어 수학이 중요한 요소는 결코 아니다. 심지어 수학은 초등학교 6학년 정도의 수준이면 충분하다는 주장도 있다.[*]

> 수학적 지식과 분석적 사고는 완전히 다른 것이다. … 수학적 지식과 분석적 사고 간 차이를 강조하는 이유는 분석적 사고를 잘하는 사람이 되려면 초등학교 6학년 수준 이상의 수학은 거의 필요하지 않기 때문이다.

---

[*] Niederman & Boyum, *What the Numbers Say*, Broadway Books, 2003, 233쪽.

분석가에게 가장 중요한 것은 수학적 지식보다 분석적 사고와 태도로 숫자에 근거를 두고 유용한 정보를 추출하는 능력이다. 물론 이 과정에서 수학적 기량이 어느 정도 필요하기는 하지만 대부분 이미 우리가 고등학교 때까지 배운 수학적 지식으로 충분하다. 분석 전문가가 되는 데 필요한 수학적 지식의 많은 부분을 이미 안다는 자신감을 가져야 한다. 행여 모르는 부분이 나오면 그때마다 추가로 하나씩 익히면 된다. 숫자를 대하는 데 두려움 없이 친근하게 다가가는 태도는 유능한 분석 전문가가 되는 필요조건이다.

모르는 것은 바로 검색해서 찾아봐라

글로벌 경제의 성숙기에 접어든 요즈음 각종 경제·경영 용어와 숫자가 방송과 신문, 심지어 사람들 간의 일상 대화에도 흔히 등장한다. 그런 용어와 숫자 중에는 잘 모르는 것들이 많은데도 사람들은 별 고민 없이 무시하고 넘어가는 경우가 흔하다. 분석 전문가를 지향하는 사람들은 모르는 용어나 숫자가 나오면 절대로 그냥 넘어가지 말고 반드시 찾아봐야 한다. 숫자에 대한 두려움을 극복할 수 있을 뿐만 아니라 아주 좋은 공부 기회도 되기 때문이다.

구글 등의 검색엔진을 이용하면 한두 번 클릭만으로도 모르는 용어나 숫자에 대한 상세한 설명을 바로 얻을 수 있다. 이런 태도로 용어나 숫자를 대한다면 짧은 기간 안에 자신도 놀랄 정도로 기본적인 용어나 숫자에 정통해진다. 검색한 내용은 프린트해서 분야별로 노트를 만들어 정리해둔다. 그러면 복습하거나 필요할 때 다시 쉽게 찾아볼 수 있다.

⊶ 호기심을 확장하라

호기심은 어느 분야에서나 배움의 보증서이듯이 분석능력을 키우는 데도 호기심을 최대로 발휘하는 것이 필요하다. 호기심을 갖고 자꾸 파고 들어가면 하나에서 관련된 여러 개를 알 수 있어 이해의 폭이 넓어지고 지식의 양도 크게 늘어난다. 예를 들어 물가지수를 검색해서 찾았다면 거기서 그치지 말고, 그와 관련된 생활물가지수 등과 같은 내용도 함께 찾아서 동시에 이해하는 것이 효율적이다.

또한 숫자를 접할 때도 늘 호기심을 발휘해서 그 숫자가 추가로 어떤 의미인지 생각해보는 것이 필요하다. 예를 들어 육상 100미터 세계기록이 우사인 볼트가 세운 9초58이라는 것을 알았다면, 이 기록이 시속으로는 얼마나 될지 호기심을 발휘한다. 그러면 다음과 같이 시속이 36킬로가 약간 넘는다는 것을 쉽게 계산할 수 있다.

$$9초\ 58 ≒ 10초 = \frac{1}{6}\ 분 = \frac{1}{360}시간$$

$$100m = 0.1km$$

$$따라서\ 시속 = \frac{0.1km}{\frac{1}{360}시간} = 36km/시간$$

육상에서 가장 먼 거리를 뛰는 마라톤(약 42km)은 세계기록이 2시간 4분 정도니까 시속은 20킬로 정도다. 이런 계산을 해보면 100미터 달리기의 빠르기와 장거리 마라톤의 속도를 더 잘 이해할 수 있다. 또한 100미터를 약 10초에 뛴다면 초속은 약 10미터가 되고 시속은 약 40킬로에 가깝다는 것을 알면, 태풍 세기도 가늠할 수 있다. 어떤 태풍이 초속 40미터의 강풍을 동반한다고 할 때, 그 바람의 세기가 승용차로 시속 160킬로로 달릴 때 차창으로 들어오는 바람의 세기와 같다는 것을 알 수 있다.

여러 동물의 속도와 비교하면 상대적인 빠르기도 이해할 수 있다. 가장 빨리 달리는 치타는 시속 110킬로까지 낼 수 있다고 하고 말은 시속 80킬로, 곰도 느린 것 같지만 최고 속고는 시속 50킬로까지 낸다고 한다. 이런 호기심을 발휘하는 이유는 간단하다. 용어의 개념과 숫자의 의미를 더 넓고 확실하게 이해하고 숫자와 친해지기 위해서다.

확률과 친해져라

일상생활에서 일기예보, 로또, 질병, 사고, 보험 등 많은 현상이 모두 확률과 관계가 있다. 프랑스 수학자 피에르 라플라스[Pierre Laplace]가 인생에서 가장 중요한 문제는 대부분 확률적 선택 문제라고 했듯이 확률은 우리 생활 깊숙이 자리 잡고 있다. 문제는 확률에 대한 사람들의 이해가 매우 낮다는 것이다.

아마도 중학교 때부터 교과서에 나오는 확률 문제들, 예를 들어 항아리 안에서 검은 공, 빨간 공을 꺼내는 문제를 풀다가 확률을 골치 아프다고 느낀 사람들이 많기 때문인 것 같다. 확률을 자연스럽게 받아들이고 이해하지 못하기 때문에 많은 사람이 확률과 관련해 자주 잘못 판단한다. 그렇기에 전문 분석가를 지향하는 사람들은 확률과도 친해지려고 노력해야 한다.

확률이 낯설게 느껴지는 이유는 확률이 사람들의 직관과 크게 다른 경우가 많기 때문이다. 두 사람이 생일이 같을 확률을 예로 들어 알아보자. 1년을 365일이라고 할 때 만일 366명이 함께 모여 있다면 그 집단에서 적어도 두 사람은 틀림없이 확률 100%로 생일이 같다.

그런데 이 확률이 100%가 아니고 50%라면 어떻게 될까? 즉 생일이 같은 사람이 적어도 두 사람일 확률이 50%가 되려면 이 집단에 몇 명이 있어야 할까? 사람들은 직관적으로 366명의 1/2인 183명이라고 생각하기 쉽다.

하지만 정답은 놀랍게도 단지 23명이다(자세한 계산 과정은 팁박스 생일이 같을 확률 참조). 다시 말하면 아무렇게나 모인 23명 중 적어도 두 사람이 생일이 같을 확률이 50%다. 우리나라 초등학교의 학급당 학생 수가 대부분 25명 전후이므로 평균적으로 두 학급마다 생일이 같은 학생이 있다. 따라서 반에 생일이 같은 학생이 있다는 것은 놀랄 만한 인연이 아니라 자주(50% 확률로) 일어나는 일이다.

확률과 친해지려면 많이 찾아보고 알아보고 이해하는 과정을 거쳐야 한다. 신문과 방송에서는 로또 1등 명당, 머피의 법칙, 위성 발사가 실패할 확률, 흡연자가 폐암에 걸릴 확률 등 확률과 관련된 숫자, 용어, 정보 등이 끊임없이 등장한다. 이런 기사를 접할 때마다 관련 자료를 찾아 읽고 이해한다면 시나브로 확률과 친해질 것이다.

예를 들어 내일 비 올 확률이 50%라는 기상예보를 뉴스에서 들었다면 그것이 무슨 의미인지 인터넷 등에서 알아봐야 한다. 검색하고 관련 자료를 읽어보면 비가 올 확률이 50%라는 것은 내일의 기상조건과 유사했던 과거의 많은 사례를 조사했더니 그런 날 중 반(50%)은 비가 왔다는 의미라는 걸 알게 된다. 실제로 기상청에서는 대기의 움직임(풍향, 풍속, 기온, 구름의 위치와 종류, 기압 등)에 대한 축적된 자료를 바탕으로 슈퍼컴퓨터가 비 올 확률을 계산한다.

많은 사람이 즐기는 로또도 잘못된 판단이 판을 치는 곳이다. 예를 들어보자. 우리나라 로또는 1부터 45까지 숫자 중 6개 숫자를 뽑는다. 로또를 사려는데 자칭 로또 전문가라고 하는 친구가 "과거 로또에서 여태까지 15라는 숫자가 한 번도 1등 번호에 나온 적이 없으니까 이번에는 15번을 꼭 찍어라"라고 충고한다. 그의 충고를 들어야 할까? 심지어 인터넷에는 로또에 1등으로 당첨될 번호를 알려준다는 유료 사이트가 많다. 이 사이트들은 과학적 로또 당첨 번호 시스템이니 통계적·과학적 당첨 번호와 패턴 분석이니 하는 말로 선전하면서 사이트에 가입해 1등 예상 번호를 받으라고 유혹한다. 이런 광고를 접하면 역시 관련 자료를 검색하고 공부해서 '도박사의 오류' 때문에 이런 일이 벌어진다는 것을 알게 된다.

이들은 도박사의 오류를 아예 사업으로 활용하고 있고, 많은 사람이 이에 현혹되어 돈과 시간을 낭비한다. 로또에서 어느 경우에나 45

까지 숫자 중 어느 한 숫자가 뽑힐 확률은 같다. 하지만 사람들은 최근에 안 나왔던 숫자가 이번에는 나올 확률이 높다고 잘못 판단하는 것이다. 이번 로또에서 뽑힐 숫자는 그전에 어떤 숫자들이 나왔는지 알지도 못한다. 따라서 과거 로또에서 어떤 숫자가 많이 나왔든 적게 나왔든 관계없이 45까지 숫자 중 어느 한 숫자가 뽑힐 확률은 여전히 같다.

분석적 태도↔분석적 지식

이 단계에서 분석에 관한 지식을 기르려면 우리가 자주 대하는 숫자들을 명확하게 설명해주는 책을 읽는 게 좋다. 여러 숫자의 의미를 쉽게 풀어주고 행여 그 속에 숨어 있을지도 모르는 함정을 보여주며, 숫자에 대한 폭넓은 안목을 길러주는 책이 필요하다. 가능한 한 수학에 대한 복잡한 지식이 없어도 쉽게 읽을 수 있으면 더 좋다.

최근 들어 숫자에 관한 책들이 서점에 많이 나와 있다. 하지만 어떤 책은 너무 수학 쪽에 치우쳐서 어렵고 지루하며, 외국 서적을 번역한 책은 우리에게 생소한 예로 채워져 이해가 더디다. 따라서 필요한 책을 잘 고르려면 인터넷 검색으로 숫자에 관한 다양한 서적의 목록을 작성한 뒤 서점에 가서 각각의 책 내용을 일일이 확인해서 내용이 알차면서도 쉽게 읽을 수 있는 책을 골라야 한다.

숫자에 대한 이해를 높여주는 영어책 중 인기 있는 책이 대럴 허프Darrel Huff가 쓴 『통계로 어떻게 거짓말을 할 것인가How to Lie with Statistics』로

20세기 후반 가장 많이 팔린 통계 책이다.* 이 책은 의도적이든 의도적이 아니든 통계 해석과 관련된 흔한 실수와 그런 실수가 어떻게 부정확한 결론에 이를 수 있는지 간단하고 쉽게 사례를 곁들여 요약했다. 어떻게 다른 사람이 통계를 사용해 거짓말하는지와 통계적 주장의 타당성을 어떻게 해석할지를 알려주는 뛰어난 책이다.

필자도 오래전 『우리가 정말 알아야 할 통계 상식 백가지』(현암사, 1996)라는 책을 펴냈다. 이 책에서는 숫자에 대한 사람들의 두려움을 명쾌하게 해소해준다. 그래프, 퍼센트, 평균, 여론조사, 확률, 상관관계, 비교, 어림수 등에 대해 숫자를 잘못 해석하는 사례를 체계적으로 정리하고, 우리가 늘 대하는 신문이나 소설 등에 나타난 실제 예를 들어 흥미롭게 풀이했다. 따라서 편안한 마음으로 읽기만 해도 쉽게 이해할 수 있고, 다 읽고 나면 숫자에 자신감을 가질 수 있다. 출판된 지 20여 년이 넘었는데도 아직 절판되지 않고 독자들이 찾고 있다.

---

* Darrel Huff, *How to lie with Statistics*, New York: Norton, 1954. 번역본은 『새빨간 거짓말 통계』, 박영훈 역, 더불어책, 2004.

TIP · 생일이 같을 확률

생일이 같은 사람이 적어도 두 사람일 확률이 50%가 되기 위해선 이 집단에 몇 명이 있어야 할까?

만약 이 집단에 366명이 있다고 하면, Prob(모두 생일이 다를 확률) = 0

두 명이 있을 때 생일이 다를 확률 = $\dfrac{365(364)}{(365)^2}$

세 명이 있을 때 생일이 모두 다를 확률 = $\dfrac{365(364)(363)}{(365)^3}$

K명이 있을 때 모두 생일이 다를 확률 = $\dfrac{365(364)\cdots(365-k+1)}{(365)^k}$

따라서 K명이 있을 때 최소한 두 명은 생일이 같을 확률 =
$$1 - \dfrac{365(364)\cdots(365-k+1)}{(365)^k}$$

K명에 따른 확률을 정리하면 아래의 표와 같다.

K	최소한 두 명은 생일이 같을 확률
15	0.253
20	0.411
23	0.507
40	0.891
50	0.970
70	0.999

이 표에서 볼 수 있듯이 생일이 같은 사람이 적어도 두 사람일 확률이 50%가 되기 위해선 이 집단에 23명만 있으면 된다. 집단에 40명이 있다면 거의(90%) 생일이 같은 사람이 있다.

몸에 배어야 할 분석적 습관

"우리는 신을 믿는다. 하지만 (신이 아닌) 모든 다른 사람은 (근거가 되는) 데이터를 가져와라(In God we trust, but all others must bring data)."

태도가 중요하지만 습관도 마찬가지다. 새로운 행동을 생각하는 것보다는 새로운 생각으로 행동하는 것이 더 어렵다는 말이 있다. 다음에 제시하는 분석적 습관이 몸에 밴다면 분석가로서 필요한 기본 자질을 충분히 기를 수 있다.

숫자를 요구하라

좋은 분석적 사고를 갖춘 사람은 (그리고 그런 사람들을 키우고 싶은 조직은) 누군가가 아이디어, 직감, 이론 그리고 인과적 관찰을 제시할 때 항상 숫자를 요구해야 한다. "당신의 주장을 지지하는 데이터를 갖고 있는가?"라고 질문하라. 숫자는 경험이나 주관적 판단보다 많은 것을 말해주기 때문에 항상 숫자를 보여달라고 요구해야 한다. 숫자에는 상대방이 무엇에 대해 어떤 과정을 거쳐 어떻게 생각하느냐가 함축되어 있으므로 상대방 주장을 객관적으로 판단할 수 있다.

수량화한 데이터 없이 결론으로 바로 가려는 충동을 억제해야 한다. 숫자를 요구하는 습관에 부가해 자기주장도 언제나 근거가 되는 숫자와 함께 제시하는 습관을 키워야 한다. 어떤 주장을 하기 전에는 그 주장의 근거가 되는 데이터가 있는지 반드시 확인해야 한다. 그렇게 함으로써 아이디어를 강화할 수 있고, 다른 사람을 설득하는 확률을 높일 수 있다. 숫자를 요구하고 당신 아이디어를 숫자로 결론짓는 습관은 유능한 분석가가 되기 위해 없어서는 안 될 유전자다.

숫자를 믿지 마라

새롭게 만난 사람을 대하듯이 숫자에 대해 좀더 알게 될 때까지는 숫자를 믿지 마라. 많은 사람이 숫자를 대하면 우선 숫자가 주는 과학적이라는 이미지와 권위에 주눅이 들어 숫자를 그냥 받아들이는 경우가 많다. 하지만 숫자는 먼저 의심해야 한다. 의심으로만 확신을 얻을 수 있기 때문이다. 영국의 시인이자 비평가인 앤드루 랭Andrew Lang은 "사람들은 마치 비틀거리는 술주정꾼이 가로등을 이용하듯이 숫자를 이용한다"라고 말했다. 술 취한 사람들이 가로등을 비틀거리는 몸을 가누는 데 사용하듯이 사람들도 자기주장을 그럴듯하게 포장하기 위해 숫자를 이용한다는 의미다.

이렇듯 사람들은 종종 숫자를 이용해 거짓말하거나 숫자를 자기 의도에 맞추어 해석하기 때문에 숫자에 대한 경계심을 늦추지 말아야 한다. 또한 오래된 숫자는 지금은 정확하지 않을 수 있다. 숫자가 적절하지 않은(즉 설명하고자 하는 모집단을 대표하지 않는) 표본에서 수집된 것도 있다. 특히 당신을 놀라게 하거나 예외적인 숫자에 대해서는 비판적 시각을 가져야 한다. 숫자에 대한 의심은 다음과 같은 세 가지 차원에서 이루어진다.

- **관련성**: 숫자가 중요한 의미를 가지려면 해당 문제와 직접 관련되어야 한다. 해결하려는 문제와 직접 관련된 숫자가 아니라면 그 숫자는 무의미한 것이다.

- **정확성**: 문제와 관련된 숫자라도 정확하지 않으면 없느니만 못하다. 숫자의 정확성은 누가, 어떻게 그 숫자를 만들어냈고, 왜 그런 방법을 사용했는지, 혹시 어떤 의도가 개입되어 있지는 않은지 생각함으로써 판단이 가능하다. 이런 의문을 설득력 있게 통과하지 못하는 숫자는 효용 가치가 없다.

- **올바른 해석**: 숫자는 그 자체로는 아무런 의미가 없고 그 숫자를 어떻게 해석하느냐가 중요하다. 문제와 직접 관련된 정확한 숫자라도 잘못 해석되면 엉뚱한 결론을 낳을 수 있다. 특히 다른 의도를 지닌 사람들은 숫자를 의도적으로 왜곡해서 해석하는 경향이 있다. 같은 숫자라도 해석에 따라 전혀 다른 결론을 내린 예를 들어보자. 미국의 한 선거에서 부부 22쌍의 투표 성향을 분석했더니 부인 22명 중 단지 한 명만 남편과 다르게 투표했고, 나머지는 모두 남편과 같이 (남편이 표를 던진 후보에게) 투표한 것으로 나타났다. 이 결과를 놓고 여성운동가들은 불만스럽게 해석했다. 자기 의견에 따라 투표하는 여성이 22쌍 중 단지

한 명뿐이라는 사실은 여성운동이 가야 할 길이 멀다는 해석이었다. 하지만 이런 해석과 반대로 여성운동이 매우 큰 성공을 거두고 있다고 해석할 수도 있다. 왜냐하면 남편 22명 중 부인과 다르게 투표할 용기가 있는 남편은 겨우 한 명뿐이었으니까.* 부부 22쌍 중 한 쌍만 서로 다르게 투표했다는 숫자는 누가 누구를 쫓아 투표했는지는 말해주지 않는다. 이처럼 숫자를 올바르게 해석하지 않는 이유는 별도의 숨은 의도가 있기 때문이다. 따라서 숫자에 대한 해석이 해결하려는 문제와 관련해 적절한지를 항상 의심해야 한다.

인과적 주장에 특히 유의하라

분석적 추론에서 의심해야 할 것 중 하나는 인과관계를 인정하는 어려움이다. 실험할 때 실험집단과 통제집단을 만들어 무작위로 사람들을 배치하고, 거기서 두 집단의 결과가 차이가 난다면 대개 실험조건을 원인으로 여길 수 있다. 그러나 단순히 두 요인 간에 통계적 관계가 있더라도 그것이 인과관계일 확률은 낮다.

"상관관계는 인과관계가 아니다"라는 말을 들었을 것이다. 이 말을 기억하는 것이 중요하다. 두 요인 간의 인과관계를 확인하는 유용한 기법은 사람들이 두 집단 중 하나에 무작위로 배정되었는지 확인하는 것이다. 만약 무작위로 배정하는 것이 불가능했거나, 비용이 너무 많이 들었거나 또는 윤리적으로 의심스러웠다면 그 인과적 추정은 입증

---

* Stephen K. Campbell, 앞의 책, 1974, 108쪽.

되지 않은 것이다.

예를 들어 "10년 연구 결과, 과음이 암의 원인이다"라는 기사를 신문에서 읽으면, 실험 대상자가 집단에 무작위로 배정되어 10년 동안 과음하거나 완전 금주하도록 요청받았는지를 자문하라. 그렇게 했을 가능성은 없어 보인다. 연구자가 10년 이상 관찰한 모집단에서 과음(아마 스스로 보고한)과 암의 상관관계를 발견했다는 것이 더 확률이 높아 보인다. 그 연구자는 상관관계가 다른 변수로(예를 들면, 과음자는 또한 담배를 심하게 피우는 사람이었을 수도 있다) 설명될 수 있다고 신중하게 경고했을 것이다. 그러나 신문기자는 그렇게 하지 않았다.

질문하라

사람들이 질문하는 이유는 명확히 알기 위해서다. 마찬가지로 숫자를 의심해서 의문이 생기면 주저하지 말고 질문하는 습관을 들여야 한다. 많은 사람이 숫자에 관한 질문을 주저하는 까닭은 숫자에 관해 자칫 잘못 질문하면 바보처럼 보일까봐 두려워서다. 하지만 질문해보면 그런 질문을 하는 사실 자체로 사람들이 존경하는 시선으로 본다는 사실을 알게 될 것이다. 질문해서 확실한 정보도 얻고 사람들의 존경하는 시선도 받으니 일거양득 아닌가? 더욱이 어떤 숫자들은 반드시 추가로 질문해야만 명확하게 이해할 수 있다.

예를 들어 퍼센트는 비율에서 기준량을 100으로 보았을 때 비교하는 양을 나타낸 수로 2개 또는 그 이상 숫자의 상대적 크기를 명확하게 비교해준다. 하지만 퍼센트를 대할 때는 퍼센트가 계산된 실제 숫자를 알아야만 올바로 판단할 수 있다. 예를 들어 67%가 찬성한다고 했을 때 3명 중 2명이 찬성한(67%) 경우와 1,000명 중 670명이 찬성한 (67%) 경우는 그 질적 내용에서 크게 차이가 난다.

따라서 퍼센트를 대할 때는 그것이 계산된 실제 숫자를 질문해야 한다. 또한 누가 평균 얘기를 한다면 항상 분포나 표준편차를 물어봐야 한다. 평균을 해석할 때 중요한 것은 자료들이 어느 정도로 흩어져 있는지(표준편차)도 알아야 하기 때문이다. 분포나 흩어진 정도를 모르거나 무시할 때는 잘못된 판단을 내릴 수 있다.

어떤 병에 걸린 환자에게 의사가 이 병에 걸린 사람은 평균 5년밖에 못 산다고 이야기한다면 의사는 환자에게 충분한 정보를 제공하는 것이 아니다. 평균 생존기간만 알고 생존기간의 분포는 모른다면 환자는 그에 맞는 투병 계획을 세울 수 없다. 평균 생존기간이 5년이라도 4년 반에서 5년 반 사이에 분포하는 경우(대개 5년 내외에 사망함)와 1년에서 20년 사이에 분포하는 경우(일찍 사망할 수도 있고 꽤 오래 생존하기도 함)는 환자의 투병 계획이 완전히 다르다. 단지 평균만으로는 합리적 의사결정을 내릴 수 없으며, 올바로 판단하려면 평균 주위의 흩어진 정도에 대한 질문을 해야 한다.

다른 예를 들어보자. 현대는 여론정치의 시대라고 한다. 그래서인지 각종 조사 결과가 매일 우리에게 쉴 새 없이 퍼부어진다. 하지만 조사 결과를 대할 때마다 기본적으로 여러 항목을 질문해야 한다. 우선 누가(조사기관), 무슨 목적으로 조사했는지, 표본이 적절한지 생각해야 한다. 또한 설문에 관해서도 매우 비판적인 시각을 가져야 한다. 질문과 응답항목을 만드는 데 조사자의 주관적 의도가 개입되지 않았는지 판단해야 한다. 따라서 질문과 응답항목이 결과와 함께 제시되지 않은 경우 질문과 응답항목에 따라 전혀 다른 결과가 나올 수 있음을 명심해야 한다.

조사 결과를 해석할 때도 구체적 해석의 명확한 근거를 확인해야 한다. 숫자와 제시된 결론 사이에 커다란 논리적 틈이 존재할 수도 있다. 결론적으로 말하면, 질문하고 규명하는 습관을 들여야 한다. 그렇게 하는 것이 분석적 능력을 키우는 중요한 부분이기 때문이다.

분석을 연습하라

분석능력을 키우려면 악기를 연주하는 것처럼 수시로 연습해야 한다. 처음에는 하나의 문제를 푸는 데도 고생하며 어려움을 겪을 수 있다. 그러나 어려움을 겪는 것은 배움에서 자연스러운 단계이며, 천천히 그러나 꾸준히 그런 과정을 거쳐야만 분석적 능력을 키울 수 있다. 분석단계 중 실제로 자료를 분석하는 단계는 자료를 수집해야만 연습할 수 있지만 그 이전 단계는 다음과 같이 연습할 수 있다.

- **문제인식**: 누구나 자신이 관심 있는 많은 문제를 갖고 있다. 문제의 시급성과 계량적 분석의 적용 가능성에 따라 우선순위를 정한다. 방송이나 신문의 뉴스 중에서도 사회적으로 중요하고 흥미 있는 이슈들도 문제로 삼을 수 있다. 이 단계

에서 중요한 것은 문제가 무엇이고 왜 그것을 해결해야 하는지 완전히 이해하는 것이다. 이 두 질문에 대한 대답은 문제를 해결함으로써 무엇을 성취할 수 있는지를 명확히 할 뿐만 아니라 이어지는 분석단계 또한 용이하게 수행할 수 있도록 해준다.

- **관련 연구조사**: 문제가 인식되면 다음으로 그 문제와 관련된 기존 연구들을 조사해야 한다. 이 부분에서 시간이 많이 요구되지만 요즈음 구글과 같은 검색엔진을 활용해 많은 관련된 자료를 쉽게 찾을 수 있다. 대부분 자료를 찾으면서 놀라는 경우가 많다. 생소한 문제일 것 같은데도 관련 자료가 많고, 많은 사람이 이미 상당한 연구를 해놓았기 때문이다. 문제와 관련된 지식을 찾는 것은 문제의 핵심에 접근하기 위해, 즉 관련된 변수를 확인하고 확인된 변수 간의 일반적 관계를 파악하기 위해 매우 중요하다. 관련 연구조사를 철저히 하면 문제를 어떻게 풀지에 대한 명확한 그림을 그리게 된다. 그러므로 이렇게 표현할 수 있다. "문제가 잘 정의되고, 모든 관련 연구를 검토하면 문제는 반 이상 해결된 것이다."

- **변수선정**: 관련 연구조사에서 문제와 관련된 변수를 모두 파악했다면 문제해결에 중요한 영향을 미치지 않는 변수를 하나씩 제거해나간다. 어떤 변수를 제거할지는 연구 목적을 고려해서 연구자가 주의 깊게 판단해야 한다. 같은 현상이라도 목적이 다르면 모형이 달라진다. 장난감 기차를 만든다면 기차의 축척이 중요하지만 기차의 경제성을 따지는 모델이라면 수송량, 속도, 연료소비율 등이 중요한 변수가 될 것이다. 발굴한 문제들에 대해 커리커처를 그리는 것과 같이 중요한 특징은 선택하고 불필요한 것은 버리는 연습을 하면 문제해결에 더 가까워지고, 분석적 시각은 향상된다.

- **자료수집**: 선정된 변수의 측정은 우선 다른 사람이 이미 수집·정리해놓은 자료가 있는지 확인해야 한다. 자기 업무에 관한 문제는 부서 내 어디엔가 이미 자

료가 축적되어 있는 경우가 많다. 자신이 직접 측정해야 하는 경우에는 문제의 성격, 변수의 특성 그리고 시간이나 비용 등의 제한조건을 고려해 관찰, 설문조사, 실험 중 어느 방법을 선택해서 구체적으로 어떻게 측정할지 고민해야 한다. 적시에 관련성 있는 정확한 자료를 얻는 것이 문제해결에 가장 중요하므로 변수측정 방법을 충분히 고민하는 것이 필요하다.

- **자료분석**: 자료분석은 변수 간의 일관적 패턴 또는 관계를 찾아내는 것이다. 어떤 기법을 써서 자료를 분석할지는 이전 단계에서 이미 정해진다. 즉 문제인식 단계에서 문제를 해결해 무엇을 달성할지 명확히 하는 과정에서 이미 어떤 분석기법을 써야 하는지가 정해진다. 집단 간 차이를 비교해야 하는 문제라면 집단비교기법을 써야 하고, 변수 간 관계와 영향을 따져야 하는 문제라면 상관관계나 회귀분석 같은 기법을 쓰면 된다. 이런 기법은 흔히 사용되므로 별도로 충분히 익혀둬야 한다. 학교 안에서도 도와줄 선생님이 당연히 있을 것이다.

- **결과 제시**: 분석에서 매우 중요한 이 단계를 연습하는 것을 소홀히 하지 마라. 성공적인 분석가는 이전 5단계와 마찬가지로 여기에 많은 시간을 투자한다. 분석적 결과를 어떻게 전달할지 다른 사람들과 대화하고, 자기 아이디어도 논의하라. 통계를 그래픽으로 나타내는 기법과 용어를 배우고 '데이터 시각화' 같은 단기 강좌가 있다면 수강하라.

분석적 습관↔분석적 지식

이 단계에서는 분석에 필요한 기본 지식과 기법을 충분히 이해하고 적용하도록 별도로 학습해야 한다. 가장 기본적인 지식과 기법은 기초통계학인데, 필요할 때마다 부분적으로 인터넷에서 검색해 공부

할 수도 있고, 오프라인이나 인터넷 강의로 과목 전체를 들을 수도 있다. 기초통계학은 중고등학교에서도 배우지만 실제로 현실 문제에 응용할 때 어려움을 많이 겪는다. 그 이유는 그 개념과 기법이 현실의 문제해결에서 어떤 의미가 있는지 배우지 못했기 때문이다.

따라서 혼자 학습하는 경우 주위에 그 내용을 아는 사람에게, 강의를 들을 때는 선생님에게 의문이 날 때마다 질문해야 한다. 질문하면 할수록 그 지식과 기법은 자기 것이 된다. 기초통계학 교재를 고를 때도 큰 서점에 가서 다양한 책을 일일이 확인해서 단순히 개념과 기법만 설명하는 게 아니라 현실 문제에서 그런 것들이 어떻게 적용되는지 충분히 설명한 책을 골라야 한다.

또한 교과서를 선택했으면 각 장에 나와 있는 연습문제를 빼놓지 말고 풀어야 한다. 공자가 말씀하셨듯이 '배우고 때때로 익혀야' 기초통계학을 이해하고 적용하는 즐거움을 누릴 수 있다. 좋은 교재를 선택해서 모든 문제를 풀어가면서 천천히 두세 번만 정독한다면 유능한 분석가가 되는 기초 지식을 거의 마스터한 것이다. 이제 남은 것은 실전문제로 연습하고, 연습하고, 또 연습하는 것이다.

분석 전문가로 성장하기

여기에서 설명한 모든 단계를 따른다면 최소한 반쯤은 전문적 계량분석가가 되는 길을 갈 것이다. 그리고 앞으로 당신은 기업의 디지털 혁신에서 없어서는 안 될 사람이 될 것이다.

학교나 기업에서 분석에 포함되는 활동은 사회적 맥락과 과정에서 이루어진다. 보통은 분석 자체만 아니라 분석에 관한 보고서를 쓰고 (또는 발표회를 열고), 공동체 안의 다른 분석가와 함께 일하고, 세미나 같은 활동으로 서로에게 배우고, 전문가들과 함께 일하는 것을 포함한다. 이러한 활동은 분석 전문가로 성장하기 위해 매우 중요하다.

보고서를 작성하라

분석 전문가로 실력을 연습하고 인정받기 위해 해야 할 일은 먼저 좋은 보고서를 하나 작성하는 것이다. 평소 자기가 관심 있는 문제를 선택한 뒤, 관련 자료를 읽고 정리하고, 필요한 데이터를 모아 분석한 다음 결과 보고서를 만드는 것이다. 실제로 이런 프로젝트를 수행하는 과정에서 가장 많이 배우고 실력도 는다.

이 과정에서 가장 중요한 것은 문제와 관련된 자료나 연구는 모조리 훑는 것이다. 해당 문제에 대해 내가 가장 많이 알고 고민한다면 문제해결에 가까워진다. 첫술에 배부를 수 없듯이 최초 보고서가 완벽할 수는 없다.

하지만 철학자 볼테르^{Voltaire}가 말했듯이, 사람들은 당신의 해답이 아니라 당신이 제기하는 문제와 그 문제를 풀기 위해 노력한 과정으로 당신을 평가한다. 보고서에서 당신이 최선을 다해 연구했고 분석적으로도 엄격했다는 사실을 다른 사람들이 인식한다면 그것으로도 큰 성과는 있는 것이다.

데이터 분석 동호회를 만들어라

자동차 왕 헨리 포드^{Henry Ford}는 "함께 모이는 것은 시작이고, 함께 유지하는 것은 진전이며, 함께 일하는 것은 성공이다"라고 말했다. 분석적 문제해결은 간단한 문제라고 할지라도 개인적으로는 많은 시간과 노력을 투자해야 한다. 따라서 함께 연구하고 학습할 수 있는 동호회를 만들면 생산성이 크게 높아진다.

인터넷 등에 있는 동호회에 가입해도 되지만 가능한 한 주위 친구들을 모아 동호회를 조직하는 것이 좋다. 그러면 동호회가 구체적인 연구 문제를 같이 고민하고, 관련 연구를 함께 조사해 토론하고, 데이터 수집과 분석에 드는 노력도 분담할 수 있다.

규칙적으로 세미나를 열어라

동호회를 활성화하는 가장 좋은 방법은 정기적으로 세미나를 여는 것이다. 세미나의 목적은 분명하다. 진행된 프로젝트의 결과를 여러 사람에게 발표하고 토론할 기회를 마련하는 것이다.

정기적인 분석 세미나는 언제나 참가자들에게 정보적이고 영감을 주는 경험을 하게 하고, 다음 세미나에서 현재 성과를 초과하도록 자극한다. 또한 비분석적인 친구들도 이런 세미나에 참석할 수 있게 개방한다.

계량분석가↔분석적 지식

분석 동호회를 만들면 공동 연구뿐만 아니라 공동 학습으로 분석하는 지식과 기법을 익히는 데 많은 도움이 된다. 공동 학습은 분석적 지식과 기법이 실제 연구에서 어떻게 진행되는지 연구·토론하는 것이 가장 바람직하다.

연구 과정에서 고급 분석기법을 접한다면 그 기법을 실제 적용 사례에서 함께 배우는 좋은 기회로 삼는다. 여기에서 설명한 많은 또는 모든 단계를 따른다면, 최소한 반쯤은 전문적 계량분석가가 되는 길을 갈 것이다. 의심할 여지 없이 사고도 넓히고, 경력의 가능성도 좋아질 것이다. 그리고 지금 전 세계를 휩쓸고 있는 기업과 조직에서의 중요한 변혁에 없어서는 안 될 사람이 될 것이다.

데이터 분석능력이
핵심 경쟁력이다!

이 책을 읽고 독자들이 다음 여러 사항을 확신했기를 바란다.

첫째, 데이터와 분석에 근거한 분석적 사고와 의사결정이 기업과 사회에서 점점 더 중요한 역할을 할 거라는 사실이다. 글로벌 경제하에서 구글, 아마존, 넷플릭스 등 많은 세계적 기업은 철저한 데이터 분석에 근거한 의사결정으로 독보적 경쟁우위를 굳히고 있다.

이들 기업은 많은 데이터를 체계적으로 수집·관리하고, 그로부터 문제의 핵심을 파악하는 정보를 추출해 기업 전체 차원에서 의사결정에 적극적으로 활용함으로써 차별적 경쟁우위를 확보하고 있다. 이런 추세는 우리나라 기업들도 거스를 수 없는 흐름이다. 경쟁의 심화와 고객의 기대 증대, 데이터의 홍수 속에서 합리적으로 경영하려면 정교한 분석을 바탕으로 한 의사결정이 필수적이기 때문이다.

둘째, 앞으로는 어느 분야에서 어떤 경력을 쌓건 간에 어떤 개인의 성공은 그의 분석능력에 따라 크게 좌우된다는 것이다. 분석 경영의 시대에 기업에서 가장 필요한 인재는 분석능력, 즉 문제를 해결하기 위해 관련 자료를 수집·분석해 문제해결에 중요한 정보를 추출하는 능력을 갖춘 사람이다. 분석 전문 인력에 대한 늘어나는 수요에 비해 공급이 크게 부족해서 전 세계적으로 분석 전문 인력을 확보하려는 치열한 경쟁이 벌어지고 있다. 심지어 백지수표로 모셔간다는 얘기도 있다. 디지털 전환이 성공하려면 유능한 AI 빅데이터 전문가들을 확보하는 것이 필수적이기 때문이다. 따라서 미래를 준비하려는 사람들은 분석에 대한 이해를 넓히고 폭넓은 안목과 실제 분석능력을 배양할 수 있도록 노력해야 한다. 이 책의 독자 중 많은 사람이 가까운 미래에 분석적 역량을 갖춰서 AI 빅데이터 시대에 주역으로 발돋움하길 바란다.

성공도 운이라는 말이 있다. 운은 기회가 왔을 때 준비되어 있는 것을 말한다. 기회가 왔는데 준비되어 있지 않다면 불행하다. AI 빅데이터 시대에 개인의 준비는 기업의 다양한 문제를 데이터 분석적 시각에서 해결하는 역량을 갖추는 것이라고 할 수 있다. 볼프강 괴테Wolfgang Goethe는 용기에 대해 "성공한다는 보장도 없는데 일을 시작하는 신념이다"라고 했다. AI 빅데이터 시대에 분석적 역량을 갖추는 데는 용기를 낼 필요도 없다. 성공한다는 보장이 이미 주어졌기 때문이다.

셋째, 창의성을 기르려면 데이터 분석역량을 키우면 된다는 사실이다. 창의성은 존재하지 않는 관계를 보는 능력이다. 문제와 관련된 데이터를 잘 수집해서 데이터에 숨어 있는 변수 간의 관련성 또는 규칙적 패턴을 찾아내면 문제를 창의적으로 해결할 수 있다.

넷째, 분석적 역량을 키우려면 평소에도 분석적 태도와 습관을 갖고 꾸준히 연습하는 수밖에는 없다는 것이다. 어느 분야에서건 높은 수준에 오르려면 꾸준히 연습하는 것밖에는 방법이 없다. 분석역량도 마찬가지로 어느 한순간 하나의 행동으로 키워지는 것이 아니라 꾸준한 연습이 필요하다.

다섯째, 대부분 사람은 '문제를 푸는 것'이 분석적 사고의 핵심이라고 생각하지만, 그것은 성공적으로 분석적인 의사결정을 하는 데 한 단계에 지나지 않는다. 만약 분석결과가 효과적인 방식으로 전달되지 않는다면, 그 결과에 근거해 어떤 의사결정이 이루어지거나 어떤 행동이 취해질 확률은 낮다. 그러므로 분석결과를 시각화하는 과정에서 일어날 수 있는 많은 왜곡을 잘 인식해 시각화 단계에도 시간과 노력을 많이 투입해야 한다.

이 책이 당신이 분석 전문가가 되도록 영감을 불어넣는다면 이 책을 쓴 목적이 달성된 것이다. 어느 기업, 어느 조직에서나 데이터의 양과 중요성은 시간이 지남에 따라 더욱 커지기만 할 것이며, 그에 따라 분석 전문가의 주가도 함께 올라갈 것이다. 숫자로 말하는 사람이 성공하는 분석 경영의 시대에 많은 사람이 분석능력을 키워 자신만의 차별적 경쟁력으로 삼기를 바란다.

김진호